45歳の壁
55歳の谷
自分らしく「勝つ」！
サラリーマンのための6つのシナリオ

はじめに

私は１９８５年に大学を卒業してトヨタ自動車に入社し、２０１６年に退社して個人事業主になるまでの31年間をサラリーマンとして過ごした。

私が20代だった頃の日本経済はまさに絶頂期にあった。１９８６年から始まったバブル景気で日経平均株価は４万円に迫り、１９８９年の時価総額世界ランキングの上位50社中32社を日本企業が占めた。まさに日本企業が絶頂を迎えた時代だった。「とりあえず入社した会社で頑張れば何とかなる」と、多くの人は楽観的に考えていたと思う。世間は我々のことを「新人類」「バブル世代」と呼んだ。

しかし、１９９１年にバブルが崩壊して日本経済は長いトンネルに入った。山一証券、北海道拓殖銀行の経営破綻に続き、エリート集団と言われた長銀（日本長期信用銀行）もなくなり、都市銀行も生き残りのために次々と合併。家電業界も中国や韓国メーカーに抜き去られてしまった。２０１０年頃には「失われた20年」と言われたが、今では「失われた30年」になった。日本人の賃金は30年間ほとんど上がっていないし、年金掛金や社会保険料を差し引いた可処分所得はむしろ下がっている。本当に隔世の感がある。

日本企業の苦戦が続く中で、会社員を取り巻く環境、特に働き方の多様化は急速に進みつつある。学生の就職人気企業のランキング上位には、外資系コンサルティング会社やＩＴ系メガベンチャーが名を連ねるようになった。これらの企業は実力主義の傾向が強く、日本企業の特徴と言われた終身雇用、年功序列賃金とは真逆の特徴を持っている。若い人たちの中には、あえて厳しい環境に身を置き、自分自身を鍛えたいと考える人が増えているということだろう。そんな彼らの頭の中には、終身雇用という概念はない。一方、安定志向で、仕事一辺倒の生活を嫌う人たちも増えている。そんな人たちに人気の就職先は地方公務員である。先行きが見えない中では、この考え方も理解できる。

元来人生は人それぞれであるし、どのように働くかも自由。ただし、昔のように「会社任せにしていたら大丈夫」な時代ではなくなったということだ。私自身が60歳定年の５年以上前に会社を辞めて個人事業主になったのも、人生後半戦の働き方は自分で決めたいと思ったからだ。

私は2019年の6月に『会社を50代で辞めて勝つ！「終わった人」にならないための45のルール』（集英社）という本を出版した。読者層は40代後半以降の方を想定し、「働かないおじさん」になるぐらいなら、会社を飛び出してフリーランスになることを勧めた自伝的なビジネス書である。

しかし、出版後の講演会などに来場いただいたのは、想定読者層より若い40歳前後の方々が多かった。その方々とお話をしていると、旧世代（バブル世代）と新世代（Z世代）の狭間で悩みを抱えていることが何となくわかってきた。

65歳定年制の義務化、そして70歳まで働く時代が来る

2013年に「高齢者雇用安定法」が施行され、定年が60歳から65歳に引き上げられた。現在は経過措置期間となっているが、**2025年4月からは定年制を採用しているすべての**

企業で「65歳定年」が義務となる。更に2021年の改正では、本人が希望した場合には「70歳までの就業確保」が企業の努力義務になった。その先には70歳定年の時代が来るかもしれない。

1970年代半ばまでは55歳定年が主流だったので、当時と比べるとサラリーマンが働く年数は10～15年長くなったことになる。1970年からの50年間で平均寿命は約13歳延びているので、高齢になっても働いてもらわないと、年金財政が維持できないということだろう。嫌な言葉だが、「長生きリスク」という言葉があるように、老後資金を確保するために70歳まで働かざるをえない人も増えてくるだろう。

一方、企業にとって高齢者の雇用義務は大幅なコスト増となる。現在は（65歳定年制に向けた経過措置期間なので）60歳位で一旦定年となり、その後5年間は給与を半分程度に下げる「再雇用制度」を採用している企業が多い。しかし、2025年から65歳定年が義務化されると、人件費が大幅に増加する。年金財政逼迫のしわ寄せを企業に転嫁されてはかなわないと思っている経営者も多いだろう。

某大企業の人事担当者と話していると、「給料が安い再雇用なら働かないおじさんでも大目に見たけれど、65歳定年になるとそんなことは許されない」と言っていた。正社員としての給料を払う以上はしっかり働いて欲しいと思うのは当然だろう。

経営者側からは日本的雇用慣行である、年功序列賃金や終身雇用制度を見直すべきという意見も出始めている。更には欧米並みに解雇条件を緩和すべきという厳しい意見もある。今までの日本企業では会社が経営危機にあるか、社員が法律違反や著しく社会倫理に反するようなことをやらないかぎり解雇されることはなかったが、これからは「仕事ができない」という理由で解雇されるケースが出てくるかもしれない。

一人あたりの労働生産性（2020年）について、日本はOECD加盟38ヵ国中28位と1970年以降で最も低い順位となった。1位のアイルランドの約4割、欧米主要国の6〜7割のレベルであり、主要先進国7ヵ国の中でダントツの最下位になっている。

DXをはじめとした必死の業務改革、生産性向上を進めるためには、働かないシニア社員には早めに退場してもらい、浮いたお金で若い優秀な人材を獲得したいというのが会社の本音だろう。そんな中で60歳以降も会社に残るのは、働く側にも相当の覚悟が必要である。

40歳前後は悩める世代

現在の40歳前後を表す世代用語はあまり見当たらない。あえて言えば「ポスト団塊ジュニア（1975年〜1981年生まれ）」と「ミレニアル世代（1980年〜1995年）の前半」を合わせた人たちである。**上司がバブル世代で、部下がZ世代（1990年代後半以降生まれ）と考えるとなかなか大変な世代だとわかる。**

現在50歳以上のバブル世代は、なんとか逃げ切れてしまう世代である。1964年に生まれた人たちは、2025年から義務化される65歳定年の恩恵を初めて受けるが、高齢社員への厳しい待遇見直しが行われる前に「いいとこ取り」でサラリーマン人生を終えていくだろう。

一方、現在20代のZ世代の意識は従来型のサラリーマンとは異なる。所謂「就社意識」は低く、大企業に入社しても転職をためらわない人も多い。初めから会社に過度な期待をしないという点においては、覚悟ができていて立派だと思う。

両者の狭間にいる現在40代前後の方々は「逃げ切れそうにないし、覚悟もできていない世代」とも言える。35歳転職限界説はなくなりつつあるという意見もあるが、現実は30代半ばを過ぎると転職機会は減ってくるし、40歳を過ぎるともっと厳しくなる。この世代の方々は会社に残るにしても、転職するにしても、様々な不安を抱えていると思う。本書は30代半ばから40代の悩める世代の方々を想定ターゲットとし、タイトルにもある「45歳の壁」と「55歳の谷」を乗り越え、リタイアするまで自分らしく働くための指南書にしたつもりである。

前著『会社を50代で辞めて勝つ！』は自身の体験談や主観的な意見を中心に書いたのに対し、今回はより客観的な視点で書くことに心を砕いた。そのために、株式会社クロス・マーケティングにご協力いただき、全国１８００名のサラリーマンを対象にした意識調査を実施した。マーケターの端くれとして、まずは市場の客観的な理解が必要だと思ったからだ。30代、40代、50代の各世代で６００サンプルを選定し、都市規模別、従業員数規模別にも適正なバランスになるように留意をしたのでサラリーマンの意識調査としては十分なものになっていると思う。

私は会社を辞めて6年半が過ぎたが、社会人人生のほとんどをサラリーマンとして過ごしてきたし、サラリーマンのやりがいも悲哀も理解している。今でもサラリーマン時代のことは懐かしく感じるし、最近聞かれるサラリーマンを「社畜」と呼ぶような発言には心底腹が立つ。

本書は時代や変化に巻き込まれていく、多くのサラリーマンの方々を応援するために書いた。本書を読んでいただいた方が、今後の人生を送るにあたり、少しでも参考になればうれしいと思う。

２０２２年12月　　髙田敦史

目次

はじめに……2

序章
働かないおじさんは絶滅する
～多くの人が知らない不都合な真実

今のシニア社員は「最後の逃げ切り世代」……18
アンケートで分かった！　シニア社員への罵詈雑言……21
新型コロナがシニア社員を直撃した……30
サラリーマンへのメッセージ
～これからは、役割がなければ居場所もない！……32

第1章
45歳の壁・55歳の谷を越える「6つのシナリオ」

アフターコロナ　サラリーマンはより保守的になった……38
「安定でいたい」社員VS「不安定にしたい」会社……43
多くのサラリーマンが迎える45歳の壁・55才の谷……48
「35歳 転職限界説」はまだ生きている……56
自分らしく勝つための「6つのシナリオ」……62
【コラム】「壁と谷」を越えた私のシナリオ……70

第2章
あなたの「会社との〝距離感〟」は正しいか

サラリーマンは総員サバイバルの時代へ……78

心得①：出世など半分は運である……79
心得②：社風は良いとこ取りでいい……83
心得③：入社年次を忘れてみよう……86
心得④：他社の「普通」は自社では「個性」……90
心得⑤：働く意味は千差万別でいい……94

第3章
45歳、55歳になる前に
サラリーマンの財産「生産性資産」を整える

「サラリーマンの3つの資産とは」……102
心得⑥：キャリアの棚卸～自身の経験を徹底的に見返す……104

心得⑦：生産性資産を「見える化」する……115

第4章
何歳になっても「ポータブルスキル」はサラリーマンの武器

仕事は「問題解決」の連続……123
ところで「問題」とは何ですか？……128
心得⑧：自分流の「問題解決の型」を持てば強い……130
心得⑨：コミュ力と多弁は違う……139
心得⑩：部下ができたら学ぶべき4つの「TION」……142
心得⑪：「やればできる」プレゼン上手……152

第5章
70歳まで働くための「変身資産」
「ゆでガエル」になってはいけない……158
心得⑫：若者から学ぶ者が勝つ……161
心得⑬：自身を高める3つの人脈……164
心得⑭：情報感度の磨き方……171
心得⑮：デジタル弱者に居場所はない……179
サラリーマンにも五分の魂……181

第6章
自分らしく勝つために
その1　社内再活躍型～社内で居場所を確保する～……186

その２　副業両立型～これから増える副業に挑戦～……195
その３　シニア転職型～収入よりやりがい重視の転身～……204
その４　シニア独立型～サラリーマンから個人事業主に～……208

おわりに
～時代や変化に巻き込まれていく、多くのサラリーマンの方々へ……214

著者プロフィール……218

序章

働かないおじさんは絶滅する

～多くの人が知らない不都合な真実

◆今のシニア社員は「最後の逃げ切り世代」

若い人たちと話していると頻繁に出てくるのが、50代、60代の社員に対する不満の声だ。

「今の50代の人たちは、社会や会社が完全に変わるまでの間に逃げ切れるだろう」と先述したが、若い世代からすれば大変うらやましく、かつ腹が立つだろう。

この人たちのことを世間は「逃げ切り世代」と呼んでいる。日本型雇用が変わりつつある中で、その最後の残り火の恩恵を受けて逃げ切れそうな世代だからだ。一生懸命働いている人もたくさんいるが、「給料の割には働きが悪い」と言われている人たちがいるのも事実だろう。そしてその人たちは、以下のような呼ばれ方もしている。

●働かないおじさん

「働かないおじさん」という言葉は数年前から様々なメディアに登場している。役職を外れた元管理職や、60歳定年後に再雇用となった人たちが、あまり働かないのに高い給料をもらっていることを揶揄している。

●妖精さん

２０１９年の11月11日の朝日新聞に「働かない会社の妖精さん」という記事が掲載された。日本を代表する大手メーカーの関東地区の拠点を取材した際に、若手社員が同社の50代後半の男性社員のことを妖精さんと表現したことが記事になった。

その男性はフレックスタイムを活用して朝7時に出社し、社員食堂でコンビニ弁当を食べたり、スポーツ新聞を読んだりして時間をつぶし、他の社員が出社してくる9時以降は食堂から姿を消して、職場でも何をしているかわからない。忽然と姿が見えなくなるから妖精のようだという意味である。この男性も自分自身が語源となった言葉が世間に広まるとは思っていなかっただろう。

●ウィンドウズ２０００、ウィンドウズ１０００

マイクロソフトのＯＳのような名前だが、ここで言うウィンドウズは「窓際」、数字は「年収」を表している。特にウィンドウズ２０００（窓際族でありながら年収２０００万円）は働かないおじさんの頂点にいる。大手商社などの一流企業で部長クラスまで勤めて役職定年を迎え、現在はのんびりと残りの会社人生を過ごしている方々だ。

役職定年を迎えると、一般的には１～２割程度収入が減るので、ウィンドウズ２０００を達成するには部長クラスの年収が２０００万円以上の一部企業に限定されるが、ウィンドウズ１０００（窓際族で年収１０００万円）であれば一般的な大企業にも結構いるはずだ。

多くの企業はこのような社員を対象にセカンドキャリア研修を実施しており、私も某保険会社の元支店長クラスを対象にした研修に一度呼ばれたことがある。セカンドキャリアの心配までしてくれるのは一見優しい会社のように思えるが、会社側の意図は「このまま会社に残るより他の人生がありますよ（できれば辞めてくださいね）」と伝えることである。しかし、今の50代はそう簡単には会社を辞めないだろう。50歳を過ぎたら有力な伝手《つて》でもないかぎり転職先などないし、働かないおじさんになる以外の選択肢がないのも事実だからだ。

◆アンケートで分かった！　シニア社員への罵詈雑言

今回実施した調査では、30代の人たち（600名）に、同じ会社にいる役職定年になった人や60歳以降で再雇用になった人について、「言いたいこと」と「期待すること」をフリーアンサーで書いてもらった。厳しいコメントがあることは予想していたが、書かれた内容は予想以上に辛辣だった。雰囲気を感じてもらうため、重複している意見も含めて全コメントを載せた方がいいという編集者の意見もあり、原文のまますべてを紹介する。

●ちゃんと働いてほしい

しっかりと仕事をしてほしい、しっかり仕事をすること、しっかり働いて若手社員のお手本となってほしい、きちんと自分でも動くこと、しっかり働いてほしい、ちゃんと仕事しているところを見せてほしい、ちゃんと働いてほしい、フレキシブルにちゃんと仕事をしてほしい、頭でっかちは不要、まじめに仕事すること、仕事しろ、ただ組織に所属しているだけで何の成果も生み出さない、使えないやつ多すぎ、しっかりと仕事をしてほしい、しっかり仕事をすること、しっかり働いてほしい、仕事ができない方は要らないですね、電話を取ったり掃除をしたりできることを精一杯やってほしい、何をしているのかわからない、ちゃんと働いてほしい、何もしない人が多いからそういう人はクビにしてほしい、十分に働かない、仕事をしているのかわからない、無駄にプライドが高いわりに仕事をしない、

仕事にスピード感がない、仕事の範囲が狭くなってもそこに対してベストなアウトプットを出してほしい、きちんと仕事をしてほしい、出勤しているだけの役に立たない社員がいる、動きが悪い、判断力の低下が見られる、仕事が遅い、スピードが遅い、毎日定時で帰るのではなく若手社員の仕事の進捗とかを気にしてほしい、普通に残業してほしい、残業してほしい

●やる気自体がない

やる気がない人もいる、やる気のなさ、手を抜いている、再雇用になった途端に業務を怠る、若い時のように意欲的に働いてほしい、会社にいる間はしっかりやってほしい、若者と同じように頑張ってほしい、仕事を見つける努力をしてほしい、惰性で仕事をしないでほしい、下の世代ばかりに仕事を任せ積極的な姿勢がない、真面目にやってほしい、やる気がない、腰掛だけはやめてほしい、やる気のなさ、手抜きが上手なので給料以上の仕事はやらない、年齢を理

由にせずにできるかぎり頑張ってほしい、間違いを指摘しても改める気がない、ダラダラしている、やる気を出してほしい、無駄話ばかりしている、仕事に対するモチベーションが低い、再雇用になった途端に業務を怠る、無責任な発言、再雇用になっても自身の仕事に誇りを持ってほしい、責任感がない、ここまでしかしなくていいと思っているところ、責任感が低い

●給与に働きが見合っていない

収入に見合った仕事をしてほしい、給与分の働きがない、給料をもらうからにはちゃんと仕事をしてほしい、給料相当の仕事をしろ、給料泥棒には早く辞めてほしい、給料泥棒をなくしてほしい、給料分だけ働いてほしい、収入に見合った仕事をしてほしい、知力・体力両方で衰えていくので賃金は低くしてほしい、立場にあぐらをかかず給料分はきっちり働くこと、あまり仕事していないのに給与が高いまま、給料分働いていない、給与を得ている以上は仕事に取り組んでもらいたい、年齢ではなく実績で給料を査定してほしい、給料が低くなったことに対して文句を言わないでほしい、会社で寝ているのに無駄に高給取りである、本当に必要があって再雇用されたのかを今一度評価するべき、能力評価をしっかりしてほしい、経営層は年功序列ではなく実力主義で評価してほしい

●周りに悪い影響がある

周りのモチベーションを下げるようなことだけはしてほしくない、大きなあくびをしたりゲップしたり「おじさん」の態度を見るとイライラするからやめてほしい、やる気がないので職場の士気が下がる、やる気がないのを表に出す人が多い、ネットサーフィンが多い、若い社員の足を引っ張らないでほしい、仕事に関係のない世間話ばかりしているところ、周りのモチベーションを下げる、暇そうにしないでほしい、暇そうにしている、いばり散らすので周りのモチベーションが過度に低下する、若い世代の意欲を削ぐような再雇用制度はダメだと思う、邪魔にならないようにしてほしい、邪魔をしないでほしい、大人しくしていてほしい、自分の事しか考えないので邪魔になる、「かまってちゃん」になりがち

●上から目線、威張る

威張るな、威張るな、威張らないでほしい、謙虚になれ、適当な指示だけしてふんぞり返っているだけの人が多すぎる、年下の上司や元部下が気を遣わずに働けるようにしてほしいです、横柄な態度を見直してほしい、ただ居座ってえらそうにするのはやめてほしい、知識がな

いのに文句が多い、上から目線な態度、上から目線になることはしてほしくないと思います、口だけは立派、えらそうな態度、相談しづらい雰囲気、年上を敬うのが当たり前な環境をなくしてほしい、自分は年を重ねているだけでたいした能力もないのに威張るのはやめてほしい、尊大な態度を改めてほしい、えらそう、えらそうにしないでほしい、文句が多い、ハラスメントが多い、あまりえらそうにしないでほしい（特に役職定年の人）

●昔の自慢話はいらない

「昔は～」とか言わないこと、これまでの経験談や自慢が多い、自分の体験話を長々と聞かすのをやめてほしい、過去の経験に囚われすぎる、過去のことばかりに縛られないでほしい、過去の武勇伝を偉そうに話すこと、過去のプライドは破棄してほしい、昔のことを鼻にかけないでほしい、昔は良かったが口癖、昔の価値観や考え方を強要しないでほしい、過去と現在の違いを認識して過去の栄光にとらわれないでほしい、昔の風習を押し付ける、過去の経験がすべて正しいとする考え方、過去の栄光にしがみつくこと、過去の栄光を引きずるのはやめてほしい、いつまでも過去の栄光や役職を引きずったり何の参考にもならない会社の歴史を持ちだしてくること、過去の知識の押し付け、昔の成功体験に固執せず改めることを学んでほしい、

過去の栄光をずっと話す、時代遅れの的外れなアドバイスを止めてほしい、時代は変わっているので昔話をしないでほしい

●立場が変わったことを理解すべき

あくまでも再雇用だということを意識してほしい、自身の立場をわきまえて仕事をしてほしい、求められている役割を認識すること、でしゃばってこないでほしい、でしゃばらないでほしい、必要以上の言動を控えてください、指示に従ってほしい、勘違いが甚だしいこと、立場をわきまえてほしい、再雇用後に職位が変わっても態度が変わらないこと、前職の意識を早く捨ててほしい、指示に従ってほしい、現役時のように口出ししてくるのは控えてほしい、自身の立場をわきまえて仕事をしてほしい、以前の地位に固執して新しいことを受けいれないこと、立場をわきまえないこと、年下の上司でも指示に従うこと、定年後はあまり前に出過ぎずに働いてほしい

●柔軟性に欠ける

自分の考えに固執して押し通そうとする、自分が正しいと思い込まないでほしい、柔軟な考

え方の許容、頑固、我が道を行く、頑固すぎる、昔の意識が変わらない、人の意見に聞く耳を持ってほしい、柔軟に対応してほしい、周りに合わせてほしい、使いにくい、柔軟性がない、若手の意見も聞いてほしい、社会の変化を柔軟に受け入れてほしい、時代や価値観の変化により柔軟に対応して欲しい

●新しいことを積極的に学んでほしい

部下と一緒になって新しいことを吸収しようとする意欲を持ってほしい、新しいことへの邪魔をして欲しくない、新しいことを覚える努力をしてほしい、新しいシステムに慣れてほしい、新しい発想を持って仕事をしてほしい、働きたければ働けば良いけれどもうるさいことは言わず現在の方法に慣れてほしい、バブル期の感覚でいないでほしい、時代は日々変化していることを学んでほしい、時代が違うことを理解してほしい、経験でグチグチ言って来る人が多い、新しいことに拒否反応を示す、年だからと諦めないでほしい、新しいことにチャレンジする意欲ややる気、モチベーションを維持する努力をしてほしい、新しいものを受け入れない、会社が新しいやり方になっていてもしっかり慣れてがんばってほしい、時代の変化についてこない、価値観の変化や今の時代の常識・基本スキルをきちんと学び実践する姿勢がほしい、昔の習慣

で物事を判断してしまっている、現代の考え方を理解して受け入れてほしい、時代に順応してほしい、時代に合わない言動、思考や価値観が古臭い、ＩＴスキルをつけてほしい、ＩＴスキルの習得、最低限のパソコンスキルは身につけた人だけ再雇用すればいい、ＰＣ操作など覚えようとしないのでこちらの仕事が増えるだけ

●若者に場所を譲ってほしい

今の地位にこだわらずどんどん若い人に譲ってほしい、早く最前線から退いてほしい、役職を早く渡す、出しゃばらず若い人に譲ってほしい、70歳以上でも再雇用で勤めている管理者がいますが若い世代に譲った方がいいと思います、いつまでも退かないので部下が育たない、技術を継承して後進に譲ってほしい、若い人に仕事を譲ってほしい、若い世代へのチャンスと仕事を渡してほしい

●できれば辞めてほしい

さっさとやめてほしい、はやく引退してほしい、早く辞めてほしい、働かない人はやめてほ

しい、使えないならいなくなってほしい、退陣、役に立つ人材のみ残ってほしい、早く辞めてください、はやく引退してほしい、スキルのない人は早めにクビにしてほしい、働かないならやめてほしい

要するに、いい給料をもらっているのに、働かないし、やる気もない。そのくせ上から目線で威張り散らすので、他の社員のモチベーションが下がる。昔の自慢話ばかりせずに、もっと柔軟に新しいことを勉強してほしい。それができないなら若い人に仕事を譲るか、できれば早く会社を辞めてほしいと若い人たちは言っているのだ。

一方、「期待すること」に記入されたコメントの多くは「若い世代へのスキルの伝承や経験に基づいたアドバイスをしてほしい」というものが大半であったが、「期待すること」に記入した人は全体の15％程度でしかなく、「言いたいこと」の記入者（約70％）と較べると圧倒的に少なかった。また、「期待すること」の欄に「何も期待していません」「再雇用の老人には期待しません」等のコメントを書かれた人が9名もいた。

この結果を見て、役職定年や再雇用で働くシニア社員に対する若手社員の怒りや苛立ちを改めて痛感した。若手社員の給料は30年前と変わらないどころか可処分所得は1割以上低下しているし、将来の昇給の見通しも暗い。そんな中でシニア社員だけが優遇されているという不満は爆発寸前まで来ている。

そして、自分たちが年をとった時には「働かないおじさん」が許されない時代になるということも何となくわかっているのだろう。だから余計に腹が立つのだ。しかし、新型コロナを契機に「働かないおじさん」に強烈な逆風が吹き始めた。

◆新型コロナがシニア社員を直撃した

「働かないおじさん」という言葉が使われ始めたのは2010年代の半ばぐらいだったと思うが、**新型コロナウイルスの流行が契機になって普及した「在宅勤務」が、働かないおじさんを「見える化」してしまった。**

リモートワークを導入する会社が増え、ZOOMやTEAMSでの打ち合わせが中心になると、実務に参加していないシニア社員の出番が大きく減少したからだ。今までは会社には来ていても、業務にはあまり参加していなかったことを多くの社員が知ってしまった。

私の妻は最近人気のゴルフのインドアスクールに通っていたが、コロナの流行後は（明らかに在宅勤務中と思われる）シニア男性の来場が増えて予約が取れなくなり、スクールをやめてしまった。そして、働かないおじさんは、夜になると覚えたばかりのＺＯＯＭやＬＩＮＥで学生時代の同級生とオンライン飲み会などをやっている。若い人からすれば腹も立つだろう。

また、働かないシニア社員を更に可視化する動きに「ジョブ型雇用」がある。社員が協力、相談し合いながら仕事を進める「メンバーシップ型雇用」に対して、「ジョブ型雇用」は社員毎の業務領域を明確にして、権限委譲をしながら仕事を進める欧米型のスタイルであり、大企業を中心に導入検討を進めている企業も多い。

役職定年後の元管理職や再雇用のシニア社員は、部長、課長の補佐役的な曖昧な役割であったり、担当業務を持っていても若い社員と較べると業務量が低かったりする。しかし、「ジョブ型」になると業務内容や工数の明確化、数値化が進むだろう。これも働かないおじさんには逆風である。

「リモートワーク」や「ジョブ型雇用」の潮流はコロナ収束後も元に戻ることはないだろう。見える化された働かないおじさんの居場所は、確実になくなりつつある。

◆サラリーマンへのメッセージ
〜これからは、役割がなければ居場所もない！

先述したが、65歳定年制、更には70歳までの就業確保というのは、年金財政の逼迫、破綻を避けるために政府が企業に責任を押し付けたという面もあり、高給を払ってでも有能な若い社員を雇いたい企業側からすれば迷惑な話である。

今でも日本には「社内失業者（在籍しているが実際には仕事がほとんどない社員）」と呼ばれる社員が５００万人近くいると言われている。そして、１９９０年前半に会社に入った所謂バブル入社組が50代の半ばを迎えると、その数は更に増えるだろう。会社が黙って彼らに65歳まで（更には70歳まで）高給を払い続けることなど絶対にない。

まず予想されるのは、シニア社員の給与体系を見直す動きだ。現在の60歳定年制の下で典型的なケースは、55歳前後で役職定年を迎えると役職手当がカットされて2割程度給与が減る。その後60歳で一旦退職、再雇用になると給与が半分程度までカットされるので、会社の人件費負担はピーク時の4割程度とかなり少なくなる。しかし65歳定年制となると相当額の給料を最後の5年間も払い続けなくてはならない。

そこで予想されるのが50歳を過ぎた時点から徐々に給与を下げて、「生涯賃金」を現状の「60歳定年、65歳まで再雇用」と同レベルに収めようとする動きである。実際にこのやり方は公務員の65歳定年導入にあたって検討されている。

退職金の算定基準についても、既に65歳定年を導入している会社でも60歳以降の5年間を退職金の算定基準に加えず、60歳定年時代と退職金の額を変えない会社もある。**今後65歳定年制が義務化されても、生涯賃金は現行制度下と大きく変わらない可能性も高いのだ。**

一方、65歳定年になると正社員というシニア社員へのプレッシャーとしてのしかかってくる。私の前職時代には、再雇用になった社員が暇にしていたり、時には居眠りをしていたりしても「給料も低いので大目に見よう」という雰囲気が多少はあった。しかし正社員となると話は違う。20代、30代の若手社員より高い給料をもらっている以上、仕事をしっかりやってもらわないと示しがつかなくなるからだ。

現在の再雇用社員は、後輩の補佐やアドバイザー的な仕事を担当することも多いが、正社員になると具体的な担当業務を任されることが多くなるだろう。一旦現場を離れてマネジメント業務をやっていた人が再び担当者に戻るのは簡単ではないが、それができないと厳しい処遇が待っているかもしれない。

「正社員である以上、担当者として十分な仕事ができなければ、新入社員がやるようなファイル整理などの雑務を自ら引き受けてやるぐらいの覚悟を持ってほしい」とある大企業の人事担当者が言っていた。そして最悪のケースは解雇される可能性もある。企業の経営層は定年延長と引き換えに解雇条件の緩和を言い始めているからだ。

「開き直ったサラリーマンに怖いものはない」と言う人もいるが、これからは開き直るとクビを切られる時代になる。それ以前に、「社会の役に立っている」という感覚を持てないと喪失感を感じるだろう。

これからは「役立つおじさん」にならないと生き残れない時代になる。しかし、前向きに考えれば、働く意欲と組織に貢献する能力があれば、屈辱的な陰口を叩かれずに65歳まで（または70歳まで）自分の居場所があると考えることもできる。

次章以降では、「役立つおじさん」として生き残るために必要なことを説明していく。

第1章

45歳の壁・55歳の谷を越える「6つのシナリオ」

序章では、新型コロナウイルスの流行によって働かないおじさんが可視化され、65歳定年制の義務化と、進み始めた働き方変革（ジョブ型雇用、在宅勤務）によって働かないおじさんが駆逐されていくことを説明した。

本章では、多くのサラリーマンが避けて通れない2つの節目（出世の限界、役職定年）を説明した上で、将来のシニア社員が生き残るために、自分自身でキャリアのシナリオを描くことを提案していく。

◆アフターコロナ　サラリーマンはより保守的になった

本書の執筆にあたり、全国1800人のサラリーマンを対象にした意識調査を実施したが、まず、新型コロナウイルスの流行が、サラリーマンの意識にどのような影響を及ぼしたかを説明していく。

「新型コロナの流行で将来への不安度は変化しましたか（グラフ１　41ページ）」という質問に対して、全体の３人に１人（33・７％）が「不安が大きくなった」と答えており、その傾向は年代、企業の従業員数別にみても大きな違いはなかった。

一方、「不安が大きくなった」と答えた人に「（具体的には）どんな不安が高まりましたか（グラフ２　42ページ）」と質問したところ、従業員数によって違いがあることがわかった。

従業員数１００人未満の企業では「会社の存続」への不安が高まった人の比率が高い。これはコロナが中小企業の経営に及ぼした影響の大きさを示している。一方、従業員数１０００人以上の大企業では「働き方の変化」に不安を覚え始めた人の比率が高いという傾向がみられた。コロナを契機に広がった在宅勤務やジョブ型雇用の導入といった働き方変革の流れを大企業の社員ほど実感し、不安を覚え始めたということだろう。

また、「60歳以降の仕事内容」や「60歳以降の給与」についての不安が高まった人の比率は従業員数が大きくなるほど高い傾向にある。（２０２５年から65歳定年制が義務化されることは安心材料のはずなのだが）コロナによって、信用していた大企業の安定感、安心感に揺らぎを感じる人が増えてきたということだろう。

今後コロナの影響が収まっても、地球温暖化やウクライナ危機など、企業を取り巻く情勢は日々動いている。そしてDXの大きな流れはサラリーマンの働き方を変革し、人事評価の方法も変わっていくだろう。今後のサラリーマンは今までに経験しなかった多くの課題に直面することになるだろう。

グラフ１：新型コロナの流行で将来への不安度は変化しましたか

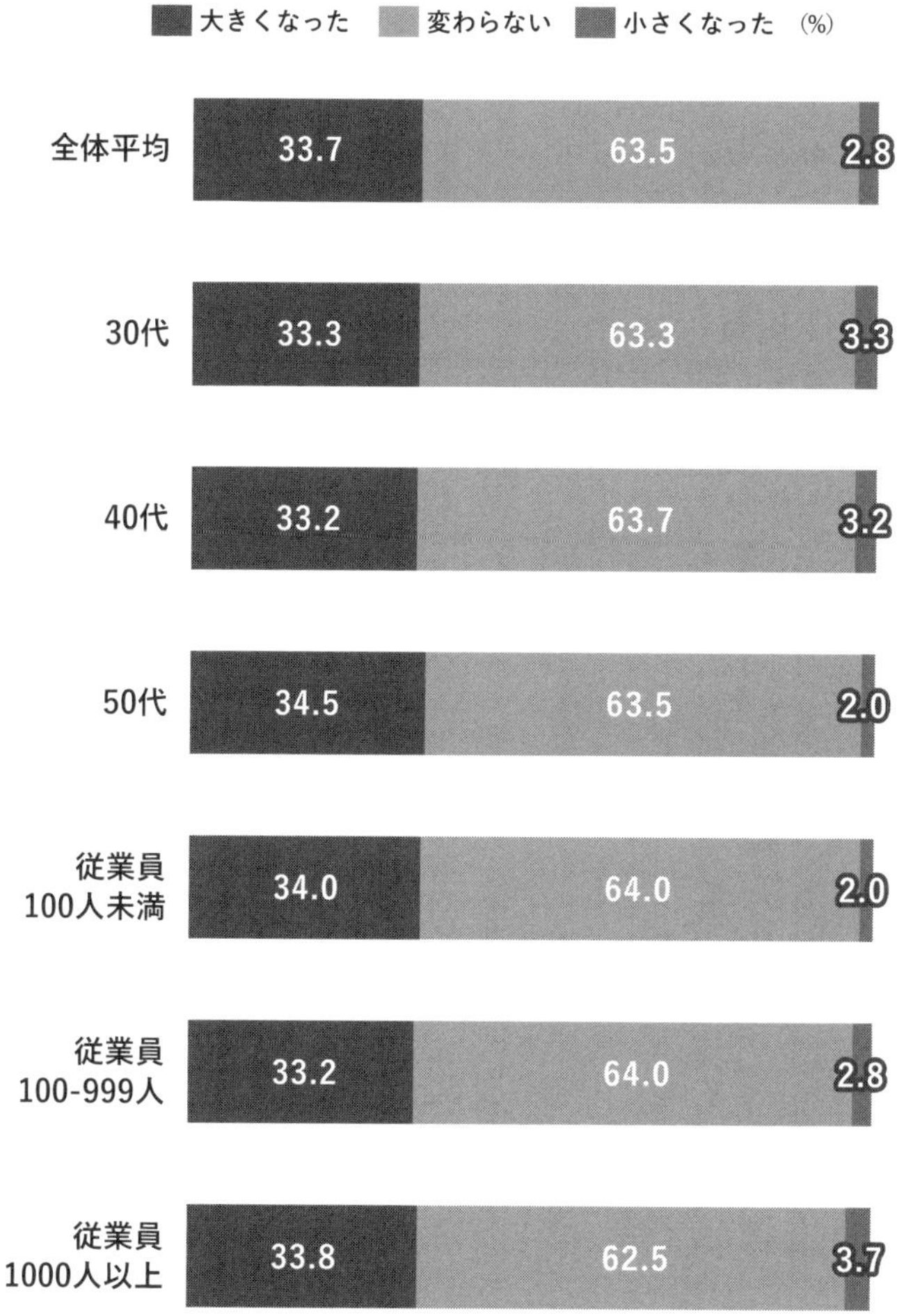

グラフ2：（不安度が高まったと答えた人に対し）
どんな不安が高まりましたか

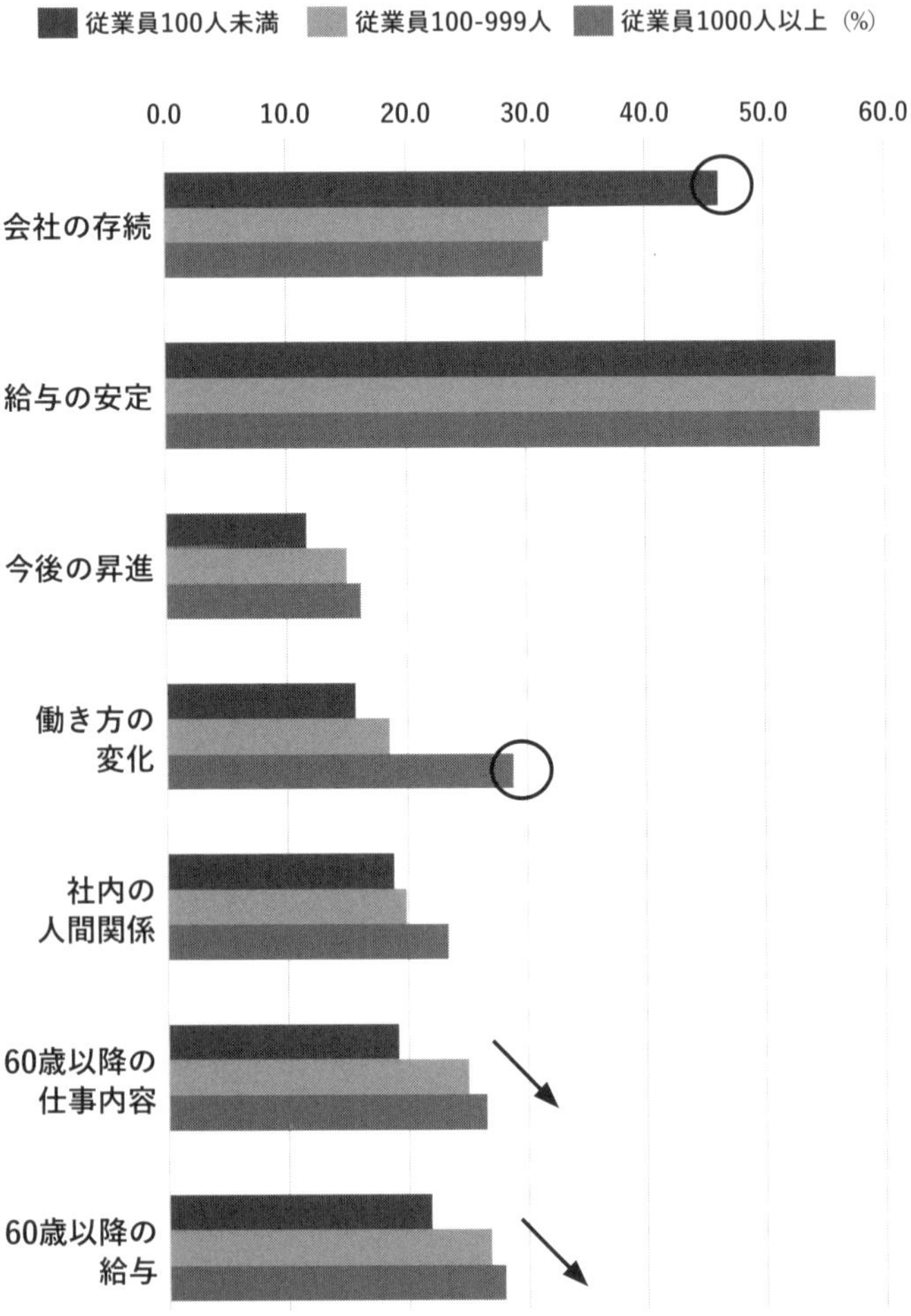

◆「安定でいたい」社員VS「不安定にしたい」会社

社会が変化する中で、企業は社員に対してもチャレンジを求めるようになるだろう。しかし今回の調査結果では、コロナによるパンデミックを経験したサラリーマンの意識は、総じて安定志向になっていることがわかった。

「新型コロナを経験して働き方についての意識はどう変わりましたか（グラフ３　46ページ）」という質問に対して、「より安定志向になった（16・４％）」と「やや安定志向になった（56・６％）」を合わせて７割以上の人が安定志向になったと答えている。「より挑戦志向になった（３・９％）」と「やや挑戦志向になった（23・０％）」を足した割合は３割以下であり、この傾向は年代、企業規模によってもほぼ変わらない。新型コロナの流行により、サラリーマンはチャレンジより安定を求める志向が高まっているのだ。

一方、新聞等に掲載される企業経営者のインタビュー記事等を読むと、チャレンジや意識改革といった勇ましい言葉が躍っている。経営者の多くが年功序列、終身雇用制度などの日本型雇用形態の見直しを言い始めている。企業が社員に変化を求めているのは明らかだ。

最近よく言われる「労働流動性を高めるべきだ」という意見も、企業からすれば使えない社員は辞めてもらって、もっと優秀な人に取り替えたいということであり、社員からすれば安定とは真逆の方向である。

「新型コロナの影響でワークライフバランスがどう変わりましたか（グラフ4　47ページ）」という質問に対しては、「プライベートの優先度が上がった（18・2%）」が「仕事の優先度が上がった（3・8%）」を大きく上回っている。

この傾向は特に、都市部の大企業に勤める30代（27・0%）、40代（30・0%）で特に高くなっており、リモートワークと何らかの関係があるのかもしれない。多少通勤時間がかかっても郊外に住んで、リモートワークをしつつ、自分らしく生きたいという人も増えている。滅私奉公という言葉はもはや死語に近いが、多様な働き方を許容しないと人材確保が難しくなってくるだろう。

私はNewsPicksというニュースサイトでコメントを書いている。読者は所謂「意識高い系」の人が多く、書かれているコメントを見ていると、組織にしがみつかず、新しいことにチャレンジをしたい人が増えていると思っていた。しかし実際のサラリーマンは若い人も含めて「チャレンジよりも安定」「仕事よりプライベート」という人が増えているのだ。これは変革を目指す企業にとってありがたい話ではない。

生き残りを考える企業は、何とかして社員の意識を変えようとするだろう。その時に邪魔になるのが変われないシニア社員である。アンケートに書かれた辛辣なコメントを見ても、若手社員はシニア社員に強い不満を持っており、そんな連中が社内に居座っていては示しがつかない。私が経営者でも「働かないおじさん」を退治することを考えるだろう。

グラフ３：新型コロナを経験して働き方についての意識は
どう変わりましたか

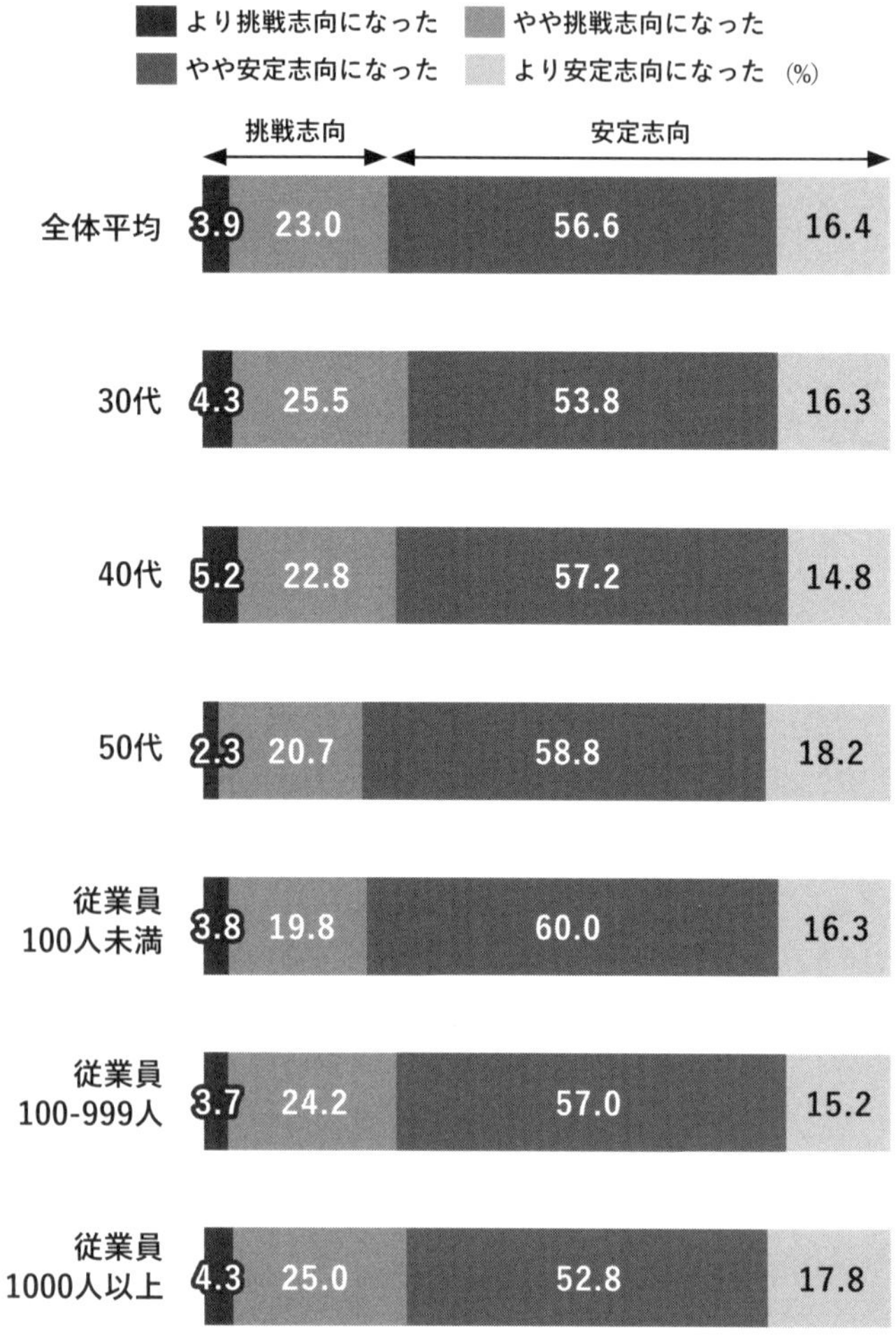

グラフ4：新型コロナを経験してワークライフバランスはどう変わりましたか

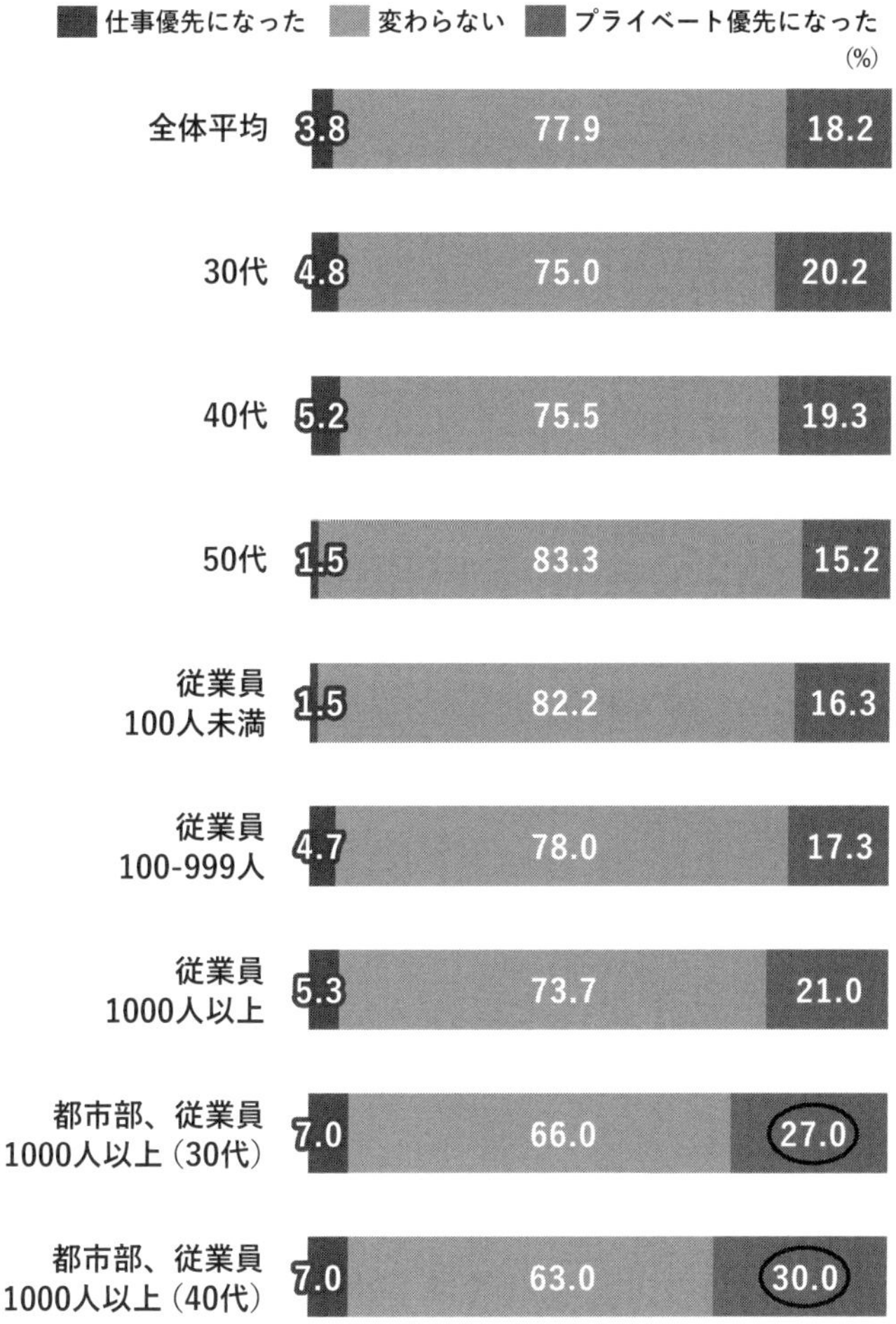

◆多くのサラリーマンが迎える45歳の壁・55歳の谷

今回の調査では「どの程度出世したいと思いますか（グラフ5　49ページ）」という質問もしてみた。

30代では「出世したい（14・5％）」「少しは出世したい（36・5％）」を足すと5割を上回っているが、40代では44・9％、50代では37・9％と徐々に低下していく。長くサラリーマンをやっているほど、出世の限界は見えてくるので当然の結果とも言えるし、サラリーマンを31年間やっていた私の感覚とも合致する。従業員数が大きくなるほど出世したい人の比率が高いのは、役職が上がることのメリット（権限、収入、社会的地位等）が大企業の方が大きいものと推定される。

グラフ5：どの程度出世したいと思いますか

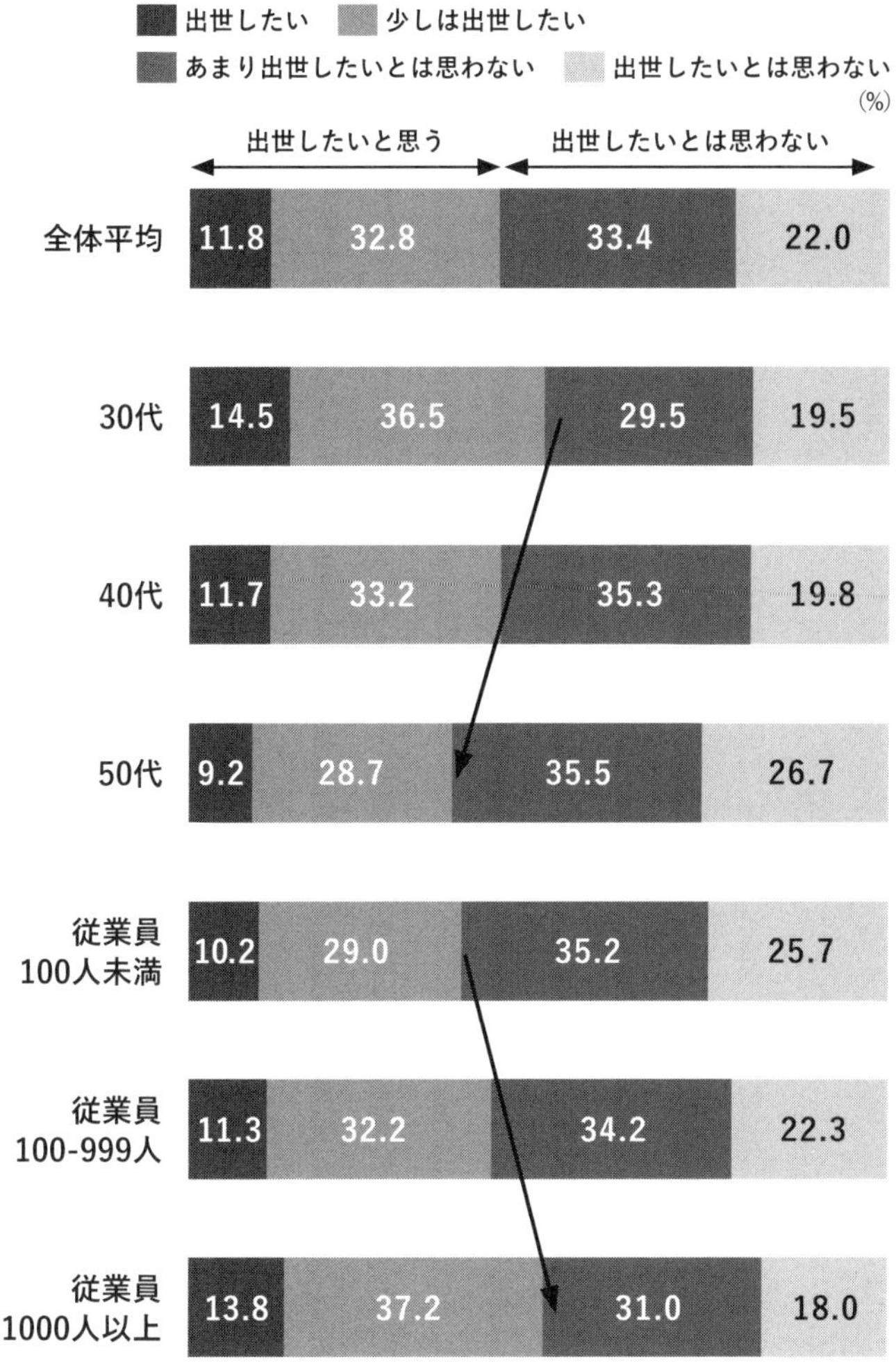
出世したい
少しは出世したい
あまり出世したいとは思わない
出世したいとは思わない
(%)
出世したいと思う
出世したいとは思わない
全体平均
11.8
32.8
33.4
22.0
30代
14.5
36.5
29.5
19.5
40代
11.7
33.2
35.3
19.8
50代
9.2
28.7
35.5
26.7
従業員100人未満
10.2
29.0
35.2
25.7
従業員100-999人
11.3
32.2
34.2
22.3
従業員1000人以上
13.8
37.2
31.0
18.0

以下では、サラリーマン人生を「出世」の視点から見た時の2つの大きな節目、「出世の限界が見える年齢（45歳前後）」と、「役職を外れる年齢（55歳前後）」について説明していく。

●1つ目の節目：出世の限界を知る45歳

最近は学生時代に起業して20代で経営者になる人もいるし、ベンチャー企業では年齢に関係なく若い人が高い役職に就いたりするケースも増えてきた。しかし、依然として多くの企業では年齢と昇格は強い相関関係があるだろう。

多くのサラリーマンにとって20代は勉強、経験の時期と言える。日本企業の場合、この時期には極端な昇進格差は出てこない。しかし30代になると勉強よりも成果を求められるようになり、社内評価でも差がつき、管理職になる人が出てくる。

その後一部の人は部長、本部長といった更なる上のポストに就き、「役員候補」などと言われる人が出てくる45歳前後には、出世レースにほぼ決着がつく。この頃になるとサラリーマンの多くが自身の出世の限界を認識するようになる。これが1つ目の節目（45歳）である。

しかし「65歳定年」の時代になると、出世レースに決着がつく40代半ば以降、まだ約20年の社会人生活が残っている。70歳まで働くとしたら25年もある。**年齢給を廃止した企業も多いので、役員にでもならないかぎり、大半のサラリーマンは会社人生の後半を昇格も昇給もない状態で過ごすことになる。この間をどんなモチベーションを持って働くかが課題になってくる。**

●2つ目の節目：役職を外れる55歳

2つ目の節目は50代半ばに訪れる「役職定年」である。

よくあるケースでは、部長や課長などの管理職、課長だった人が「担当部長」「担当課長」などと呼ばれる非管理職になる。多くの場合は年下の上司の下で働くことになるが、後輩管理職の補佐役的な仕事をすることもあり、組織上の上司からすれば部下であって部下でない、微妙な存在である。

実力主義、ジョブ型雇用が浸透すれば、年齢によって強制的に役職を外すことの是非については議論があるかもしれないが、高齢者がいつまでもポストを占めていると後進の成長を阻害してしまう。その意味では今後も役職定年という制度はなくならないだろう。

今回の調査で「自分より年下の上司はいますか（グラフ6　53ページ）」という質問をしたが、40代の45％、50代の65・8％が「年下の上司がいる」と答えている。特に従業員1000人以上の大企業の50代では78％だ。その中には役職定年者が多く含まれているだろう。

グラフ6：自分より年下の上司はいますか

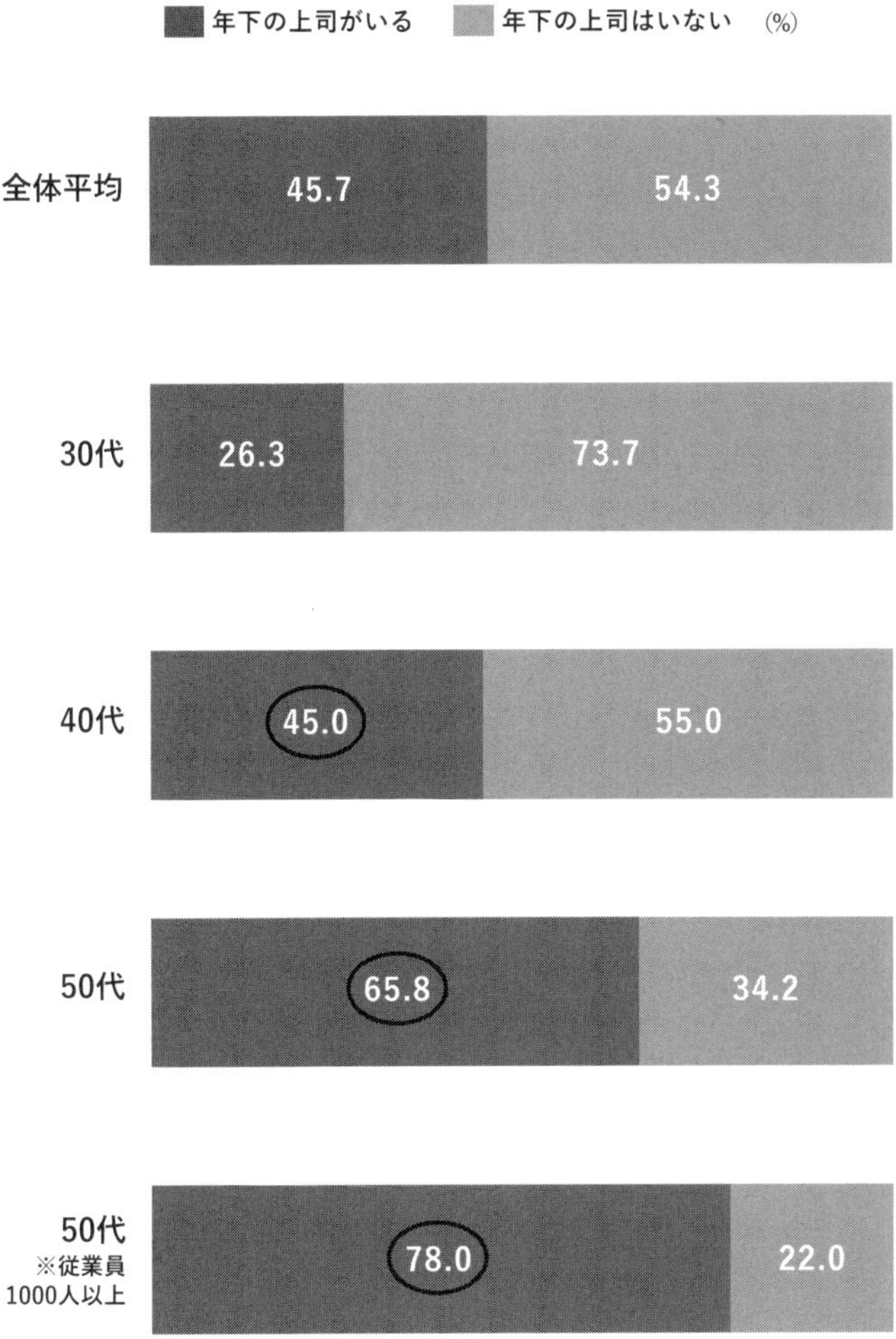

一部の恵まれた大企業の中には、50代半ばになると関連会社への出向という道もあるが、最近は減少傾向にある。

私が以前勤めていたトヨタ自動車も、私より10年以上先輩の方々は50代の半ばで関連会社や取引先の幹部として出向、転籍する人が多かったが、現在60歳前後の私の世代はそのまま会社に残るケースが増えている。関連会社の内部人材が育ってきたことで、親会社から経験のないシニア社員を受け入れるデメリットの方が大きくなったということだろう。ましてや今の30代、40代の人たちは大企業に勤めているからといって会社が社外で良いポストを用意してくれることなど期待しない方がいい。

役職定年になると、役職手当がなくなるので給与は減る。一般的には2割減程度が多いようだ。しかし問題は給与だけではない。役職定年後は管理職としての決裁権限がなくなるので、社内会議に呼ばれる回数が減って情報も入ってこなくなる。これを寂しく感じる人も多い。

また、役職定年者の業務負荷は他の担当者と比較すると総じて少ない傾向にあるが、それに甘えてのんびりしていると、若者から先ほどのアンケートコメントにあるような辛辣な陰口を叩かれたり、場合によっては上司に直訴されたりする。そうなったら会社にも居づらくなるだろう。

居づらくなるだけならまだいいが、経験のない営業現場に回されて高いノルマを課せられたり、そこでの評価が低かったりすれば、新入社員がやるような単純作業をやらされる羽目になるかもしれない。役職定年になったシニア社員が上司と頻繁に面接をさせられて、「あなたは会社に貢献していない」と言われ続けるようなひどい事例も出始めている。

45歳前後で訪れる出世の限界（収入の限界）、55歳前後で訪れる役職定年（権限と存在感の低下）は、サラリーマンで居続ける以上、大多数の人に訪れる。

現在のシニア社員の方々は役職定年を境に働かないおじさん化し、60歳以降は気楽な再雇用という立場で過ごしている人も多い。しかし、**65歳定年制が義務化される2025年以降は、シニア社員も役に立たなければ生き残れない時代になる。**

◆「35歳 転職限界説」はまだ生きている

「日本でも転職者数が伸びている」「〝35歳転職限界説〟はなくなった」「会社に居場所がなくなれば、転職すればいいじゃないか」と言う人がいるが、そんなことを安易に信じてはいけない。確かに転職市場は拡大しているが、40歳以上、特に50代以降の転職は簡単ではない。

図1(57ページ)はミドル世代専門転職コンサルタントの黒田真行さんの著書『40歳からの「転職格差」』(PHPビジネス新書2018年)で紹介されている日本の転職マーケットの概観(一部、著者が加筆)である。

黒田さんによれば、「〝35歳転職限界説〟はなくなった」と言われているのは、①の人材紹介(求職していない人にも声をかけるヘッドハンター、全年齢でいえば構成比は10%)の領域であるが、シニア層に限れば上位1%のハイクラスやエキスパートに限られるとのことだ。

図１：日本の転職マーケットの概観（正社員のみ）

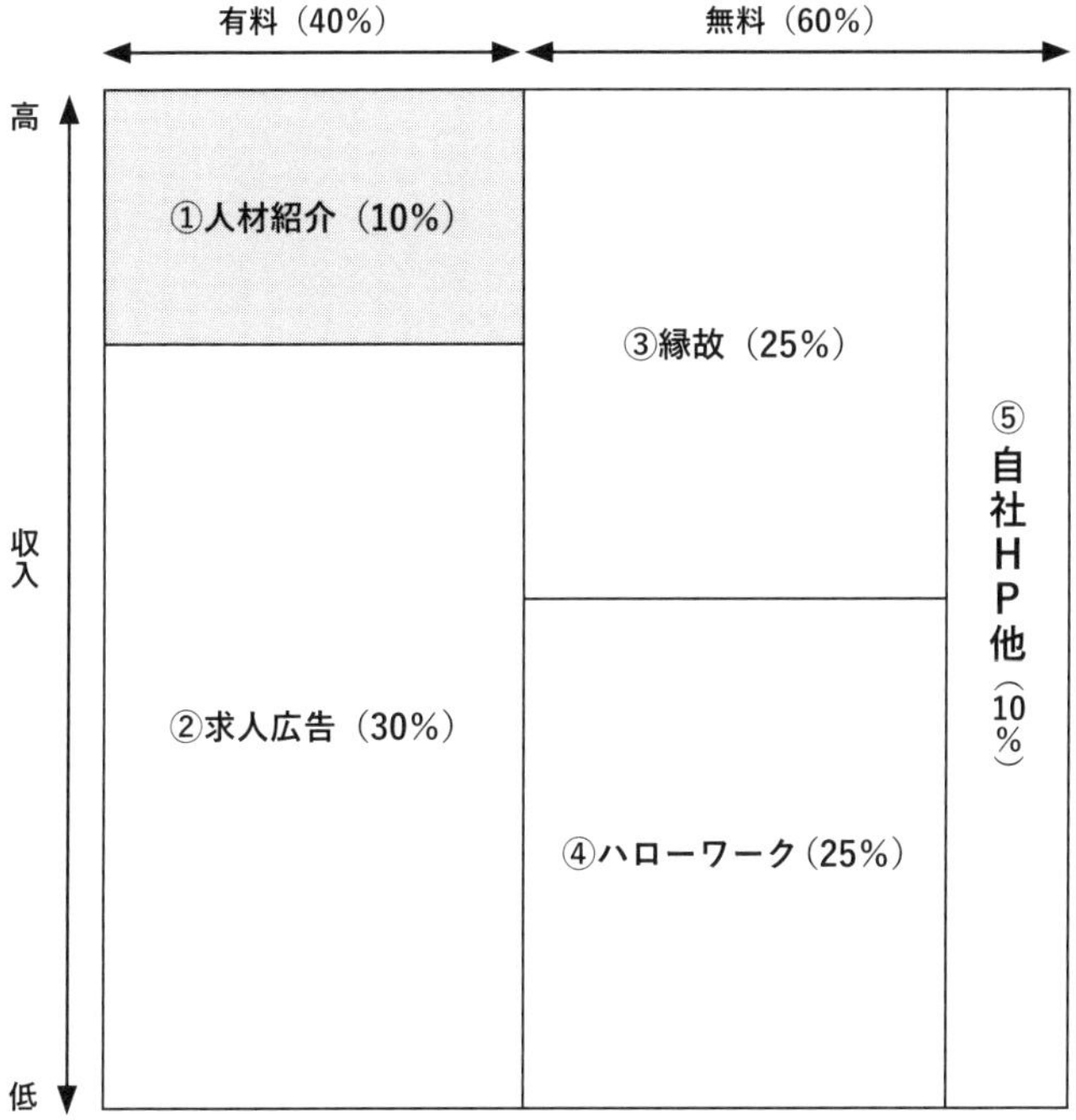

出典：４０歳からの「転職格差」（黒田真行、PHP ビジネス新書）

今回の調査で「今後、転職または独立を考えていますか（グラフ7　60ページ）」と質問したところ、「具体的に活動している（3・3％）」「情報収集して検討している（10・2％）」「考えているが活動はしていない（36・8％）」を合わせると、約半数（50・3％）のサラリーマンが、何らかの形で転職や独立を視野に入れていることがわかる。その比率は40代（48・8％）、50代（45・1％）と年配社員になっても大きくは下がっていない。

しかし、転職を考える理由は年代によっても違うだろう。特に、40代、50代が転職したくなるとしたら、前述の1つ目の節目（45歳、出世の限界）や2つ目の節目（55歳、役職定年）が影響しているはずだと考えた。その疑問に対して参考になるのが、「会社を辞めたいと思う理由は何ですか（グラフ8　61ページ）」という質問への回答である。

「会社を辞めたいと思う理由」を年代別に見てみると、30代は「収入が低い」「労働環境」を挙げる比率が相対的に高いのに対し、年齢が上がるほど、「上司や部下との関係」の比率が高くなっている。特に従業員1000人以上の大企業に勤める50代については、半数近くが「上司や部下との関係」を辞めたい理由に挙げており、「収入」や「労働環境」を理由に挙げる人は非常に少なくなっている。

推察の域を出ないが、45歳前後で出世の限界を迎えると、年下の上司に仕えるケースも増え、55歳前後で役職を退くと会社の中での存在感が薄れ、若い社員からの陰口も気になる。特に大企業になるほど（収入や労働環境には満足しつつ）人間関係の悩みが増えて、辞めたい、転職したい気持ちになるということではないだろうか。

しかし、既に書いた通り、転職市場は彼らを簡単には受け入れてくれない。特に大企業の管理職、年収１０００万円というような人は、勤務地へのこだわりを捨て、地方で年収５００万円の仕事を見つけられれば幸運な方である。仮に転職できても移った会社で「こんなはずではなかった」「前の会社を辞めなければ良かった」と後悔する話も山ほどある。

前述の通り、日本には５００万人近い社内失業者（＝働かないおじさん）がいるといわれている中で、社外から新たなおじさんを進んで採用する奇特な会社など多くない。

グラフ7：今後、転職または独立を考えていますか

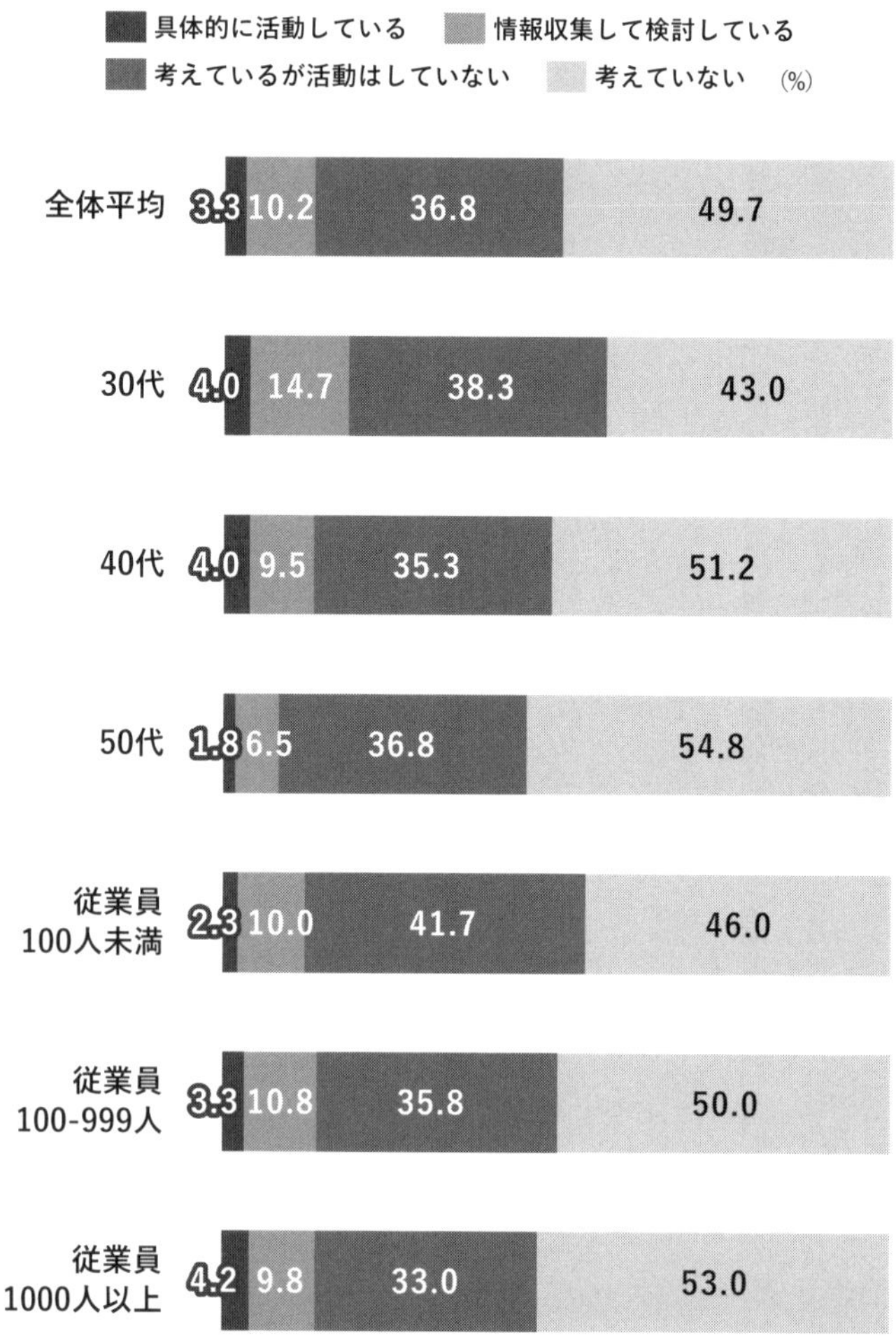

グラフ8：会社を辞めたいと思う理由は何ですか

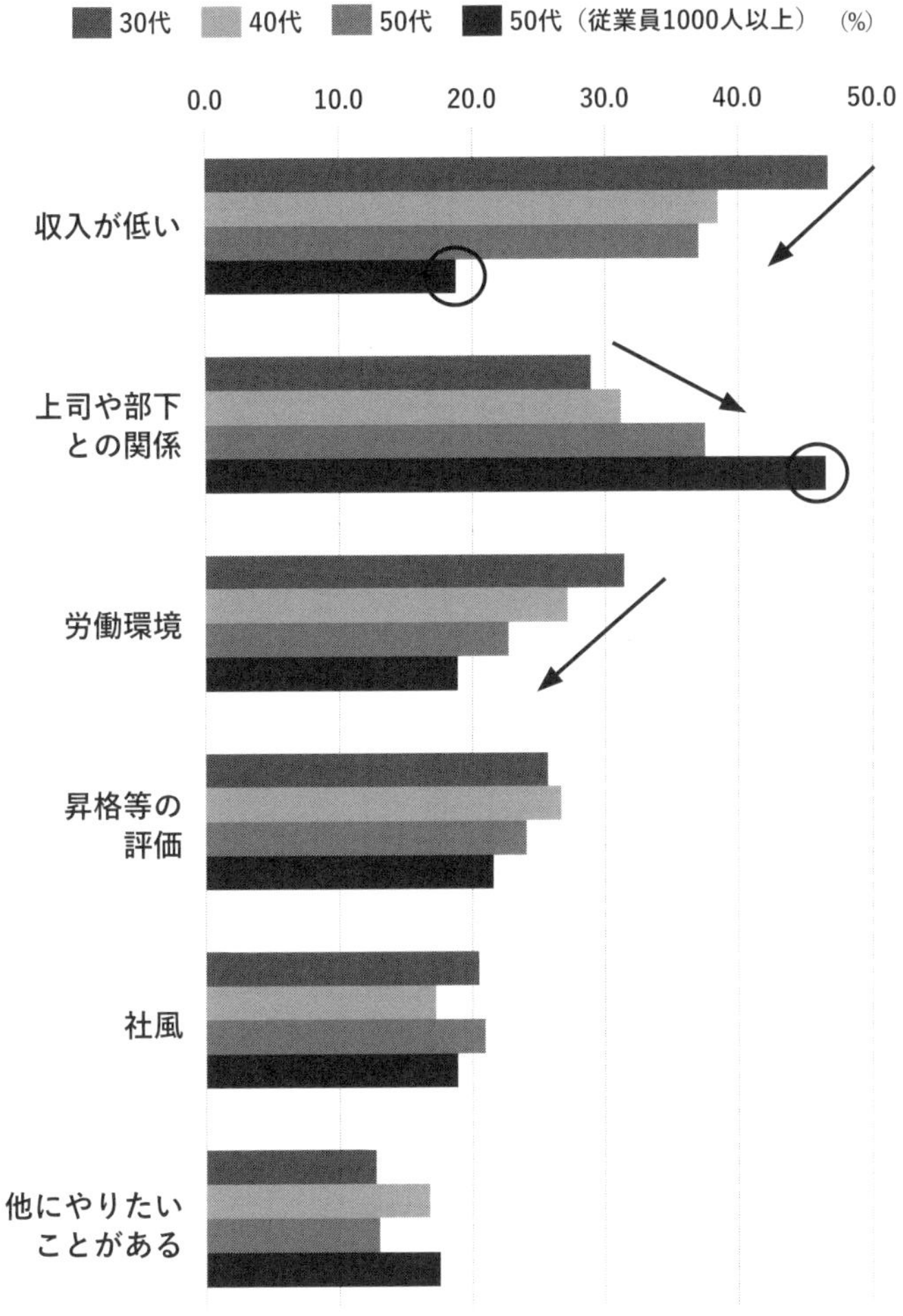

◆自分らしく勝つための「6つのシナリオ」

今回の調査で「60歳まで今の会社にいたいと思いますか（グラフ9　63ページ）」という質問をしてみた。

全体平均では、1位が「どちらともいえない（52・6％）」、2位が「今の会社にいたい（31・2％）」、3位が「今の会社にはいたくない（16・2％）」という順位になっている。年齢が高いほど「今の会社にいたい」という比率は高まるものの、順位は同じである。日本においても、選択肢が広がることはいいことだと思う。我々の世代は自身の人生を会社任せにしてきすぎたように思うが、今後はそんな時代ではない。

グラフ９：60歳まで今の会社にいたいと思いますか

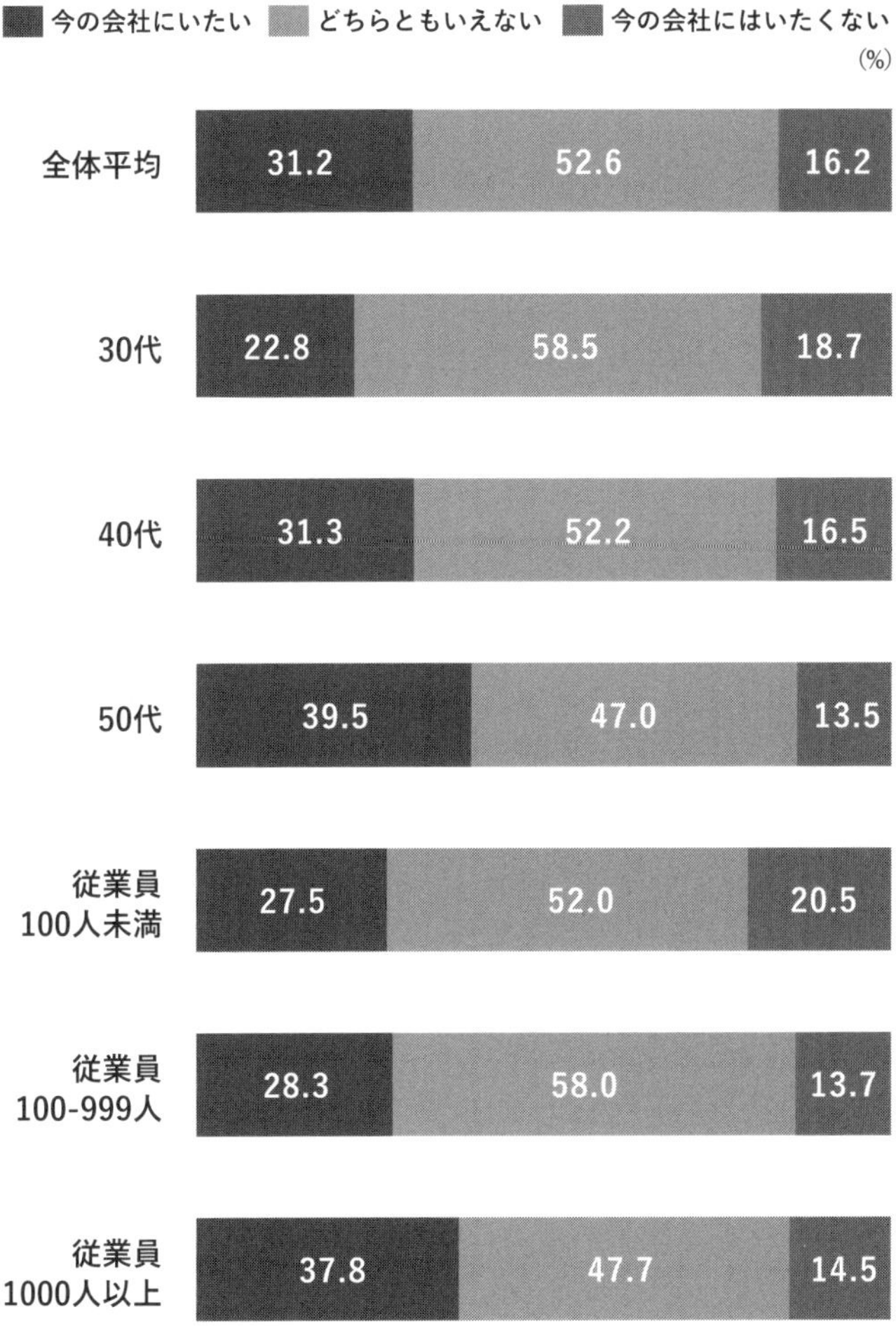

しかし、選択肢が広がるほど、自分なりの戦略（自分はどうなりたいのか）と、そのための準備（そのために今から何をやっておくべきなのか）をしておかないといけない。少なくとも35歳を過ぎたら、自身の将来についてのキャリアシナリオを持っておくべきだと思う。

以下は私なりに考えた6つのキャリアシナリオである。ただし、どれか一つに固執するのではなく、状況変化に応じて乗り換えていくことを考えていけばいいのである。

①社内出世型

最近の若い人は出世したくない人が増えているという意見もあるが、49ページのグラフ5（質問：どの程度出世したいと思いますか）を見ても、30代の人の14・5％ははっきりと「出世したい」と答えているし、「少しは出世したい」と答えた36・5％も加えると、5割以上の人に出世への意欲はあることがわかる。

サラリーマンとして仕事をする以上、出世して役員、さらには社長を目指すことを最初から諦める必要はない。職位が上がれば責任も大きくなるが、その分やりがいもあるし、収入も増える。社内政治に明け暮れ、自身の出世だけを目的に部下を犠牲にするようなことは言語道断だが、自身の努力、実力で会社に貢献して出世することも人生のひとつだと思う。

私自身も、部長に昇格して宣伝関係の新会社を立ち上げる責任者となったことや、レクサスのブランド責任者を経験したことは、サラリーマン人生の中で最も達成感を感じた仕事だった。

しかし、この社内出世型のキャリアシナリオを完遂するには、少なくとも役員クラスまで上り詰めなければならない。多くの人はどこかのタイミングで離脱することになるが、その際には他のキャリアシナリオへ乗り換える準備もしておかないといけない。

②エキスパート型

エキスパート型は会社の枠に縛られず、高いスキルや専門知識を生かして会社を渡り歩き、さらには自身で起業したりするタイプである。外資系金融機関やコンサルティング会社を渡り歩く人や、専門知識を持ったエンジニア、最近で言えばＡＩなどのテクノロジーの専門家などが該当する。最近の若いエリート層は、社内出世型よりもエキスパート型を指向する人が多い。

従来の日本は労働流動性が低く、このような人材が宝の持ち腐れになるケースも多かったが、今後は優秀な人材を社会で共有する時代になっていく。先ほど「40歳以降の転職事情は依然として厳しい」と書いたが、この人たちはその枠外にいる。ただし、サラリーマン全体から言えばせいぜい1%、またはそれ以下しかいないだろう。

ただし、①②のキャリアシナリオは、すべてのサラリーマンが達成できるものではない。社内出世型は本人の実力や努力だけでなく、厄介な社内政治に勝ち抜く能力や運も必要になる。エキスパート型は実力があれば可能かもしれないが、その実力も半端なものでは難しい。大多数の人が「出世の限界」や「役職定年」を迎えることも前提にした場合、想定しておいた方がいいのは、以下の③④⑤⑥の4つのキャリアシナリオである。

③社内再活躍型

序章で若手社員からシニア社員への辛辣な意見を紹介したが、中には「若手と同じように現場に戻って活躍してほしい」「今までの経験を後進に伝えてほしい」という声もあった。

役職定年以降を「サラリーマン生活のセカンドステージ」と前向きにとらえて、自身の得意分野で再活躍することや、若手や年下の上司をサポートする頼りになる存在になることができれば、とても立派なことだと思う。今のシニア社員ができていないのであれば、次世代のシニア社員がやればいいのだ。

④副業両立型

近年は副業を認める会社が増えてきた。役職定年後は、③で書いたように社内の役割をしっかり果たしつつ、経験を生かして自社以外での仕事を持つことや、退職後も見据えて資格を取り、フリーランスとして働くことを始めてみる。副業が軌道に乗れば、退職後の収入にもつながる。次世代のシニア社員としては、有力な選択肢だと思う。

⑤シニア転職型

先ほど、シニア転職は大変厳しいと書いた。それは将来も変わらないと思った方がいい。ただし、収入減を受け入れることができれば、選択肢は広がる。技術や生産の専門家、大企業で管理業務をやってきた人などは、中小企業からの引き合いもある。社会貢献的な仕事をしたいのであれば、ＮＰＯやＮＧＯで働く道もある。

⑥シニア独立型

これは、私の前著『会社を50代で辞めて勝つ！』で提案した考え方である。経済的な余裕と度胸があれば新規事業を起こす方法もあるが、お勧めは、今までの経験や人脈を活用したフリーランス的な働き方である。可能であれば元の会社からの仕事を業務委託として受けつつ、徐々に取引先を広げていくのもいいだろう。

以上の6通りのキャリアシナリオは個々に独立して存在しているというより、「時々の状況に応じて変更可能な複線的なもの」として考えてほしい。例えば、①②を目指す人であれば、それが達成できなかった時に、③〜⑥のどのキャリアシナリオに移行するのか。自身の現状から①②は無理だと思う人であれば、③〜⑥の中での優先順位をどうするのか。まずは自分で考えてみることである。

繰り返しになるが、政府から65歳定年制の導入を半ば強制された企業側は、その代償として、解雇条件の緩和を言い始めている。政府も前向きに検討するだろう。60歳を過ぎた働かない正社員が仕事もせずに会社に居座られたら、若手社員の士気は下がり、日本経済が活力を失う。

しかし、今回提示した③社内再活躍型④副業両立型⑤シニア転職型⑥シニア独立型のすべてが、「働くシニア」になれる立派なキャリアシナリオである。

ベストセラーになった『ライフ・シフト　100年時代の人生戦略』（リンダ・グラットン、アンドリュー・スコット著／東洋経済新報社）によれば、従来型の「教育→仕事→引退」といった直線的な人生のパターンから、今後は「エクスプローラー（世界に目を向け、自分で人生を切り開く）」「インデペンデントプロデューサー（組織に雇われず、個人で専門性を生かす）」「ポートフォリオワーカー（複数の仕事、社会活動を同時並行でやる）」など、様々な生き方を自分なりに組み合わせた、マルチに生きる時代になるとのことだ。

そこまでカッコ良くはいかないまでも、日本のサラリーマンも人生の各ステージで、「働く意味」を自身で定義しながら、「個人の働き方改革」を推進していく必要があると思う。

なお、「社内再活躍型」「副業両立型」「シニア転職型」「シニア独立型」の4つのキャリアシナリオについては、第6章で再度、詳しく説明をしている。

column

「壁と谷」を越えた私のシナリオ

「6つのシナリオなどというが、お前はどんなシナリオで生きてきたのか」と言われそうなので、以下では簡単に私自身のことを書かせていただく。

◆トヨタ自動車入社とマーケティングとの出会い

私は大学を卒業して1985年にトヨタ自動車に入社した。

最初の配属先だった宣伝部で7年間を過ごし、30歳で商品企画部に移った。当時の商品企画部では大学の教授を招いて若手社員を対象にしたマーケティングの勉強会が定期的に行われており、私はその勉強会を通じてマーケティングという学問に出会い、自分自身でも勉強するようになった。この出会いがなかったら今の自分はなかったと思う。

◆海外駐在を経験し、自分のシナリオを決めた

2000年1月からタイに3年間駐在し、タイトヨタの商品部門と宣伝部門を担当した。その後シンガポールに異動し、アジア全域の商品企画部門の責任者となった。海外

市場の知識も経験もなかった私が何とか仕事ができたのは、商品企画部時代に出会ったマーケティングのおかげだったと痛感した。

そして、マーケティングを軸にした「自分自身のシナリオ」を考えたのは、タイからシンガポールに移った2003年頃、41歳の時だったと記憶している。具体的には以下のようなものであった。

（私のキャリアシナリオ）

①マーケティングやブランディングの知識を高めて、社内一番のマーケターになる。

②昇格目標はマーケティング部門（商品企画、宣伝部門）の役員になることとする。

③ただし、マーケティング部門の役員になれても60歳までには退社、独立する。

④マーケティング部門の役員になれないのがわかったら、55歳までに退社、独立する。

私が目指したのは②の「エキスパート型」である。

マーケティング部門の役員になることを目指していたのは「社内出世型」というよりも、

自身の専門性を思う存分活用できるポジションだと考えたからである。最終的な目標地点が「独立」であったという点は⑥「シニア独立型」でもあったともいえるが、独立時期は（マーケティング部門の役員になれても、なれなくても）60歳より前、特に役員になれない場合は55歳までに退社して、できるだけ早めに第二の人生をスタートしたいと考えていた。

◆シナリオ達成に向け、マーケティング部門で奮闘

2005年1月に私はシンガポールから日本に帰国したが、帰任先候補として2つの部署の打診があった。海外営業部門と古巣の商品企画部である。

海外営業部門はビジネスマンとして領域を広げるチャンスだと勧めてくれる先輩も多かったが、私は古巣の商品企画部に戻る道を選んだ。マーケターとして営業の仕事を学ぶことも大事だとは思ったが、一旦海外部門に出ると、再び宣伝や商品企画の仕事に戻れる保証がなかったからである。

そしてその選択は正しかったと思う。あの時、海外営業部門を選んでいたら、目標だっ

た独立ができたかどうか自信がない。

帰国後は、２００５年から３年間商品企画部で過ごし、親しかった上司から「宣伝部を分社化するプロジェクトをやれ」という指令を受け、トヨタマーケティングジャパンという新会社の立ち上げを担当。その会社で担当したレクサス関係のイベントが評価されて２０１２年にレクサスの社内分社化プロジェクトに参画し、そのまま自身が名付けたレクサスブランドマネジメント部の部長になった。その頃私は、50歳になっていた。

◆決断、54歳6ヵ月での退社

最終的に独立を決断したのは２０１５年の7月、53歳6ヵ月の時だった。

私の役員昇格を応援してくれていた上司が「無理そうだ」と教えてくれたからだ。納得できない理由だったが、これればかりは仕方がない。これによって自動的にシナリオ④（マーケティング部門の役員になれないのが判明したら、55歳までに退社、独立する）への移行を決め、ほどなく会社に退職を申し出て、翌年の6月に（期限の半年前である）

54歳6カ月で退職した。

私の会社人生は運にも上司にも恵まれた。新人で配属された宣伝部では広告関係の基礎知識が身に付いたし、商品企画部ではマーケティングという学問に出会えた。アジア駐在から古巣の商品企画部に戻って以降は、マーケティング分野の能力では社内で高い評価を受けていたという自信はある。

トヨタのような日本の大企業で、部長クラスが在任中に退職、独立するというのは珍しい。多くの方が心配してくれたが、私としては計画したシナリオ通りに進めてきたのでそれほどの迷いはなかった。妻が何と言うかは気になっていたが、私が「会社辞めるよ」と言ったら、「やるじゃん」と言われて拍子抜けしたことを思い出す。妻には感謝である。
※私の場合はキャリアシナリオを妻に話していなかったが、皆さんの場合は配偶者の方にも共有しておかれる方がいいだろう。

独立直後はそれなりに右往左往したが、多くの方からアドバイスをいただき、ここまでの6年半は何とかやってこられた。会社員時代と較べると収入は不安定だが、仕事をしながら大学院にも入学し、昨年は共著ながらブランド関係の本も書かせていただいた。また、今年の9月からは大学の講師としてブランド論の講座も担当させていただくなど、色んなご縁にも恵まれた。

いただいた仕事はとにかく一生懸命やろうと思うので、休日もほとんど仕事をしている。そのせいで最大の趣味であるゴルフのスコアは悪化の一途を辿っているが、それぐらいは仕方がないだろう。

以上が私の経験談であるが、自身でキャリアシナリオを考えていたおかげで、決断が迅速にできたことは本当に良かったと思っている。

第2章
あなたの「会社との〝距離感〟」は正しいか

◆サラリーマンは総員サバイバルの時代へ

私が就職した1980年代は就職＝就社という考え方が強かった。転職する人は何か事情がある人か変わり者であり、ステップアップという概念はごく一部の人に限られていたと思う。

1979年に米国の社会学者エズラ・F・ヴォーゲル氏が『ジャパン・アズ・ナンバーワン―アメリカへの教訓』（日本語版　CCCメディアハウス　※現在はkindle版の新版のみ）という著書の中で、日本企業の優秀さを称賛した。我々の世代の人の多くは「日本に生まれて良かった、日本企業に就職できてよかった」と思っていたのだ。しかし、1990年代前半にバブルが崩壊して以降、失われた30年の出口はいまだ見つかっていない。日本人の給料は30年間ほとんど上がらないどころか、可処分所得はむしろ下がっている。

日本企業の改革は、待ったなしの状況にある。

先進国で最下位の労働生産性を向上させなければ、日本は二流国に転落してしまう。そのために働き方改革は社会全体の大きな課題なのだ。

サラリーマンも、会社に身を委ねていれば何とかなるという時代ではない。会社自体はつぶれなくても、ぼんやりしていると自分が見捨てられてしまう。自分で自分の居場所を確保する、「総員サバイバルの時代」になっていくだろう。

シニア社員になっても生き残れる人材になるためには、若い頃から会社とどう向き合っていくのかが大変重要だと思う。以下ではそのための心得を整理していく。

心得①：出世など半分は運である

1章で紹介した6つのシナリオでは、「社内出世型」を最初に挙げたが、「出世だけ」を目的にすることは絶対におすすめできない。サラリーマンである以上、人事評価が気になるのは当然だし、出世はした方がいいに決まっている。収入だけでなく責任範囲が大きくなると経験値も高まり、人脈も広がる。

しかし、出世だけが目的となると、出世できなかった時に会社にいる意味を見失ってしまうのだ。これを「出世の罠」と言う。そこから他のシナリオへ移行するのは難しく、最後は働かないおじさんになるしかなくなってしまう。

残念ながら、出世は仕事の実力や本人の努力だけで決まるものではない。特に職位が上がるほど運や人間関係（ゴマすり含む）の要素が大きくなる。ポストの数が多い主任や係長レベルへの昇格なら、実力で評価される部分も大きいが、部長や役員への昇格となると実力以外が占める割合が大きくなる。たまたまポストが空いたとか、仲の良い上司が出世して推薦してくれるとか、である。

サラリーマンの出世は、実力だけですべてが決まるスポーツ選手とは違う。所詮自分の頑張りだけでは決まらないことに人生を委ねるのは馬鹿げているのだ。

外資系なら実力主義だからわかりやすいと思う人がいるかもしれないが、そんなことはない。「外国人上司へのゴマすりは、日本企業以上に重要です」と某デジタル系ニュースメディアの対談企画で外資系企業に勤める日本人の方々全員が言っていた。

「ベンチャー企業は違う」と言う人もいるが、それも間違っている。人間が３人いると政治が始まり、勝ち組の上司から嫌われた社員は居場所がなくなる。社員が少ないベンチャー企業は逃げ場もないので、むしろ大企業よりたちが悪い。

今回の調査で「会社評価と自己評価の関係についてどう思うか（グラフ10　82ページ）」という質問をしてみた。「自身の実力以上に評価されている」「自身の実力通りに評価されている」「自身の実力以下の評価しかされていない」の三択で答えてもらった。

全体平均では３人に１人は「実力以下の評価しかされていない」との不満を持っており、その比率は年代が上がるほど高くなる。特に50代では40％の人が自分の評価に不満を持っている。しかし全員が満足する評価や昇格などない。職位が上がるほどポストの数は減るとともに、評価の物差しは実力以外で左右される。「実力以下の評価しかされていない」と思う人が増えるのは当然である。

会社が成長している時は、部署が増えてポストも増えるが、これからの日本では誰もが出世できる時代などは来ない。しかし、運悪く出世に恵まれなかった時にどのように仕事に向き合うかで人間の価値が決まると私は思う。

グラフ 10：会社評価と自己評価の関係についてどう思うか

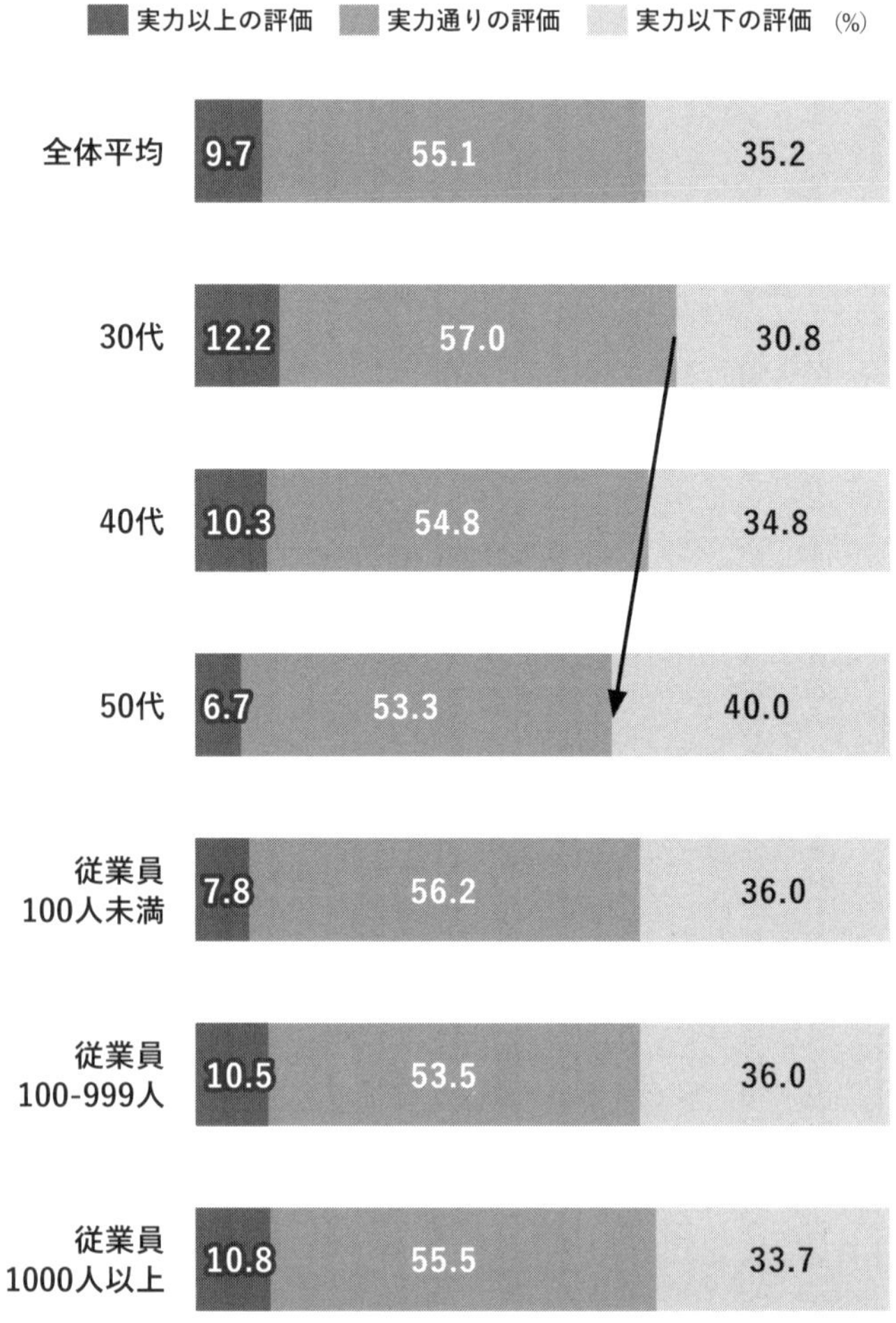

心得②：社風は良いとこ取りでいい

昔の日本企業で評価が高かった人は、会社の社風をよく理解し、社内人脈を多く持ち、調整業務に長けた人が多かったが、これからは会社と個人の関係を対等にとらえて、成果をきっちり出していくタイプが評価される時代になるだろう。

社風は個々の企業が歴史の中で培ってきた考え方や仕事の進め方の暗黙知であり、理解はしておくべきものではある。しかしこれからは社風に染まりすぎるのも良くない。

従来の日本企業では、「いいアイデアだがうちの会社的にはＮＧ」とか、「社長はこの手の話は好きではない」とか、「○○常務は○○専務と仲が悪いから注意しなさい」とか、社内の空気を読みながら仕事を進めていくタイプが優秀と呼ばれることが多かった。この種の才能が全く無用とは言わないが、変革の時代の中では風向きは確実に変わりつつある。

私は最近、日本の某大企業の採用活動をお手伝いしたが、その際に言われたのが「うちの会社にいないような、異質な人材を採りたい」ということだった。その方針は会社の社風を作りあげてきた名経営者からの指示だったことに私は驚いた。

私が勤務していたトヨタ自動車も大きく変わりつつある。２０００年代の前半にトヨタが中途採用を増やした時期があった。バブル崩壊後の就職氷河期の採用人数が少なかったので、中途採用で補填するのが目的だったと思う。様々な企業経験者が入社してきたが、社風が比較的似ているメーカー系から来た人は早く会社に馴染めたが、ＩＴ系やコンサル会社から来た人はトヨタ独特の社風に馴染めず、苦労していた記憶がある。

しかし現在のトヨタは様変わりしている。自動車産業がソフトウェア化すると言われている中で、ほとんどが異業種からの中途採用という部署もある。従来のトヨタ式では通用しない業務が増えてきたからだろう。

トヨタには「豊田綱領」や「トヨタウェイ」といった企業活動の憲法のようなものがあるし、それ以外にもトヨタの強みである多くの暗黙知が存在している。しかし、それだけでは時代に対応できなくなってきたのも事実だろう。

過去にこだわり、自ら変わろうとしない幹部社員に対して、豊田章男社長は「抵抗勢力」という強い言葉を使って変革を迫っている。誰もが認める成功企業としては大きな決断だと思う。他の日本企業も従来の成功体験に固執していては生き残れない。今までの優秀人材が今後も評価されるとは限らないのだ。

日本の会社はＯＪＴ（Ordinary Job Training）を重視する。そして社風もＯＪＴを通じて代々伝承されていく。しかし、そんな中では器用な人ほど従来のやり方に慣れすぎて、過剰適応になってしまうのだ。

今後大事なのは従来の考え方、やり方に疑問を持ったり、おかしいと思うことは変えたり、無駄だと思うことは止めたりすることなのだ。経営者もそれを求め始めている。「うちの会社的には……」といったようなことばかりを連発していると、抵抗勢力と言われてしまう日が来るだろう。

心得③：入社年次を忘れてみよう

日本の会社、特に大企業にいるとよく尋ねられるのは「入社年次」である。社内だけではなく、他の会社の人と話す時にも「何年の入社ですか」という会話が普通に交わされ、入社した年が同じであれば（会社が違っても）「それじゃあ同期ですね」みたいなことを言われて仲間意識が生まれたりする。

入社年次というのは、新卒一括採用の制度がない欧米企業にはない文化である。私は前職時代にアメリカ人上司の下にいたことがあるが、私が「A君は大変優秀だが、○○年入社だから昇格はまだ早い」といった話をする度に、彼は全く理解できないと言っていた。

日本企業も転職者が増えてきたものの、学校を卒業した年を基準にして「入社年次」という考え方は依然残っている。「私は中途入社なのですが、年次的には○○さんと同期です」みたいな会話がされたりするが、全くおかしな話である。

同期の飲み会が開かれることも多いだろう。入社時の研修や同じ寮に入っていた連中とは話も合うし、一緒にいると楽しい。ただし、昇格時期が近づいてくると、この楽しい同期会もややこしくなる。A君は○○年入社のトップで課長に昇格したとか、B君は○○年入社なのに昇格が遅れているとか、入社年次は、「プライドとコンプレックスの源泉」でもあるのだ。

今回の調査では「同期との昇格の差は気になりますか（グラフ11　89ページ）」という質問をしている。

結果は「気になる（11・8％）」「やや気になる（30・1％）」を合わせて、約42％が同期入社の中での昇格差が気になると答えている。

従業員数で見た場合、企業規模が大きくなるほど「気になる」と答える比率が高くなる。依然として新卒一括採用が中心の大企業ほど「同期意識」が高いことがわかる。

しかし最近では、日本型大企業の典型であるトヨタ自動車ですら、新卒採用と中途採用の比率を1：1にすると言い始めた。程度の差こそあれ、他の企業でも同じような傾向になっていくだろう。

メンバーシップ型雇用からジョブ型雇用にシフトが進むと、入社年次を評価基準に入れる会

社は減っていくはずだ。何より社員自身が「同期入社の呪縛」から離れて、年次や年齢に関係なく自分自身の働き方を考えるようにならなければいけない。

グラフ11：同期との昇格の差は気になりますか

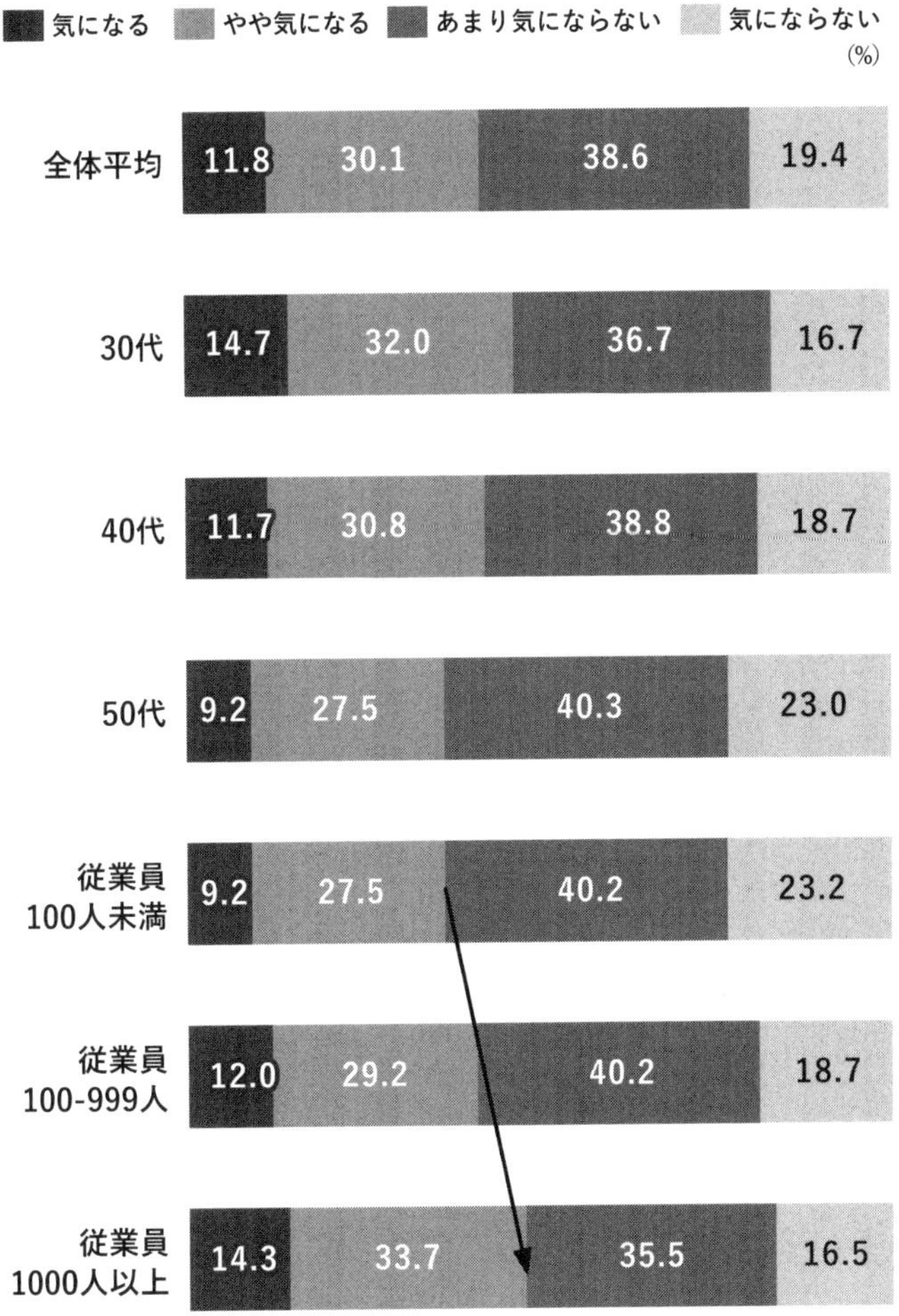

心得④：他社の「普通」は自社では「個性」

ひとつの会社で長く勤めていると、自社のやり方が世間の常識のように誤解してしまう。私自身は31年間トヨタ自動車で働いていたが、独立して様々な会社とお付き合いをし、会社によって仕事の進め方が全然違うことに気づかされた。

トヨタはカイゼンやＰＤＣＡの教科書になることも多く、私自身、独立後の仕事でもトヨタで学んだことが大いに役立ってはいる。ただし、すべての面でトヨタが他社より優れているわけではないし、逆に劣っていることもたくさんある。

大企業はプロジェクトあたりの投資規模が大きいため、担当者や一部署の判断だけでは決められないことが多い。社内の関係部署と調整し、正式な会議体に上裁して意思決定することが多く、根回しや資料作成の時間も多くかかる。しかし、新規事業を検討する際にも同じようなやり方でやっていては斬新なアイデアを実行することは難しい。

一方、ＩＴ系を中心としたベンチャー企業はトップダウン方式で意思決定が早く、仕事にスピード感がある反面、成長志向が強いために短期的な数値目標の達成に追われることが多く、一定の役職以上になっても、中長期の戦略や組織のマネジメントに弱い人が多いように思う。いずれにしても企業によって一長一短があるのだ。

日本企業もかつてと較べると多様化が進んでいる。

伝統的な大企業で新規事業を担当する際には、成功している中小企業やベンチャー企業のやり方が参考になるかもしれないし、ベンチャー企業の売上や従業員数が一定規模を超えてくると、大企業の事業計画や組織管理の方法は参考になる。自社で経験がない仕事をやる際には、他社のやり方からヒントを得ることは有効な手段である。

これは個人の仕事についても同じことが言えるだろう。他社のやり方を勉強して、自分の仕事に応用することができれば、社内で一目置かれる存在になれる。

他社のことについては、本を読んだりネットで調べたりすることで情報を得ることもできるが、多くの場合はかなり美化されて書かれている。トヨタ自動車に関する本も書店に「トヨタ本コーナー」があるほどたくさん出版されているが、元社員からすると、実態とは違った著者の想像で書かれたものも多いように思う。

やはり、実際にその企業に勤めている人から聞くのに勝る方法はない。社外の人と交流するメリットは、話を聞いて他社の情報を得るだけでなく、自身の会社や自分の仕事を相手に説明することで、自社の業務内容や自分が果たしている役割を再整理できることである。そして自社や自分自身の働き方の良い点と悪い点を考えるいい機会にもなる。

社外の人と交流する方法としては、文字通り異業種交流会がある。ただし、これには相性もあり、私自身は所謂「意識高い系」のような人が多くて、あまり肌に合わなかった。ただし経験のためにもまずは一度、参加してみるのはいいと思う。

個人的なおすすめは、仕事領域に近い勉強会や大学の公開講座のようなところに参加することや、社会人向けのビジネススクールへの入学である。

日本のビジネススクールでMBAを取得しても給料が上がるなどの直接的なメリットはない

が、老若男女、多種多様な会社から人が集まってディスカッションしたり、授業の後に交流したりすることで、様々な会社の情報を得ることができる。

私は会社を辞めたのとほぼ同時期に、中央大学のビジネススクールに入学した。トヨタ時代にお世話になった先生が教授としてマーケティングをご担当されていたからだ。「実務でやってきたマーケティングを勉強し直したい」と思ったのが入学の理由だったが、実際には学生同士の交流で得たことの方が多かったように思う。

同じ年に入学した中ではほぼ最年長だったが、年下の方々と上司部下の関係ではなく、フラットに議論できたことで多様な価値観を学べたのはとても良かった。

これからは会社だけの閉じた世界から脱して、自分自身の仕事を見つめ直す「アウトサイドインの発想」が必ず重要になっていく。同期会もたまにはいいが、日本のサラリーマンには外の世界をもっと広げてほしいと思う。

心得⑤：働く意味は千差万別でいい

提示した6つのキャリアシナリオを見ていただいてもわかる通り、この本はやみくもに転職や独立を勧めるものではない。

しかし、会社に残ろうが、転職しようが、やりがいを持って働けることが重要である。自分の居場所がなくなることは社会人として本当に辛いし、何より働かないおじさん自体が駆逐されていく。これからは「働く意味」を自分自身で見出すことが必要なのだ。

人事制度の話をする際に、最近Will、Can、Mustという言葉がよく使われるようになった。まずWillというのは「やりたいこと（希望）」、Canは「できること（能力）」、Mustは「やらなければいけないこと（義務）」である。この3つが完全に重なることはめったにないが、重複が大きいほど、会社と社員の双方にとって嬉しい関係と言うことができる。

特にWill（やりたい仕事）がMust（やらなければいけない仕事）になると誰もが一生懸命になれるだろうし、結果としてCan（できる仕事）の範囲も広がっていく。昔から「好きこそ

ものの上手なれ」と言われる通りである

かつての日本企業は、本人の意思や家族の事情に関係なく転勤させたり、今の仕事に強い熱意を持っている社員を「経験を積ませる」と言って他部署に異動させたりすることがよくあった。最近はかなり本人の希望を聞くようになったと思う。転職が増えている中では、会社も優秀な人材に辞められては困るからだ。ただしそれに甘えて自身の能力（Can）を高めようとしなければ、むしろ評価は下がる。Will（希望）とMust（義務）を重ね合わせるには、自身の努力でCan（能力）を高めることを怠ってはいけない。

私自身はWillとMustの一致について、サラリーマン人生を通じてずっと考えていた。既に書いた通り、商品企画部に在籍していた30代の前半に、会社が用意してくれた勉強会でマーケティングに興味を持ち、独学で勉強もして、毎年の上司面談では「国内、海外を問わずマーケティング分野で会社に貢献したい」と言い続けてきた。最後はレクサスブランドの責任者をやらせてもらったが、それができるCan（能力）は相応にあったとは思う。

今回の調査では、「今の仕事は自分のやりたいことと一致していますか（グラフ12　98ページ）」「現在の仕事を通じて自身の成長を感じますか（グラフ13　99ページ）」という質問をしている。

今の仕事と自分のやりたいことの一致度については、全体平均で「とてもそう思う」の7・2％と「ややそう思う」の43・6％を加えると約半数（50・8％）となった。この傾向は、年代、従業員規模で見ても大きな差はなかった。

仕事を通じた成長実感についても、全体平均で「とてもそう思う」の7・9％と「ややそう思う」の45・7％を加えると約半数（53・6％）となった。ちなみに従業員数が多くなるほど、高くなる傾向が見られた。会社規模が大きいほど一般的に学ぶことが多いということかもしれない。

なお、グラフ12とグラフ13を見較べてみると、選択肢毎の数値レベルや、年代別、企業規模別の傾向が非常に似ているのがわかる。やはり「やりたい仕事ができること」と「自身が成長を感じること」には相関関係があるのだろう。

これからは、希望（Will）を諦めずに上司に伝え続けることが重要だと思う。それが叶えば、会社を利用して自身の能力（Can）を高めていくことができるし、将来的には「副業シナリオ」や「シニア転職シナリオ」にもつながっていくかもしれないからだ。

グラフ 12：今の仕事は自分のやりたいことと一致していますか

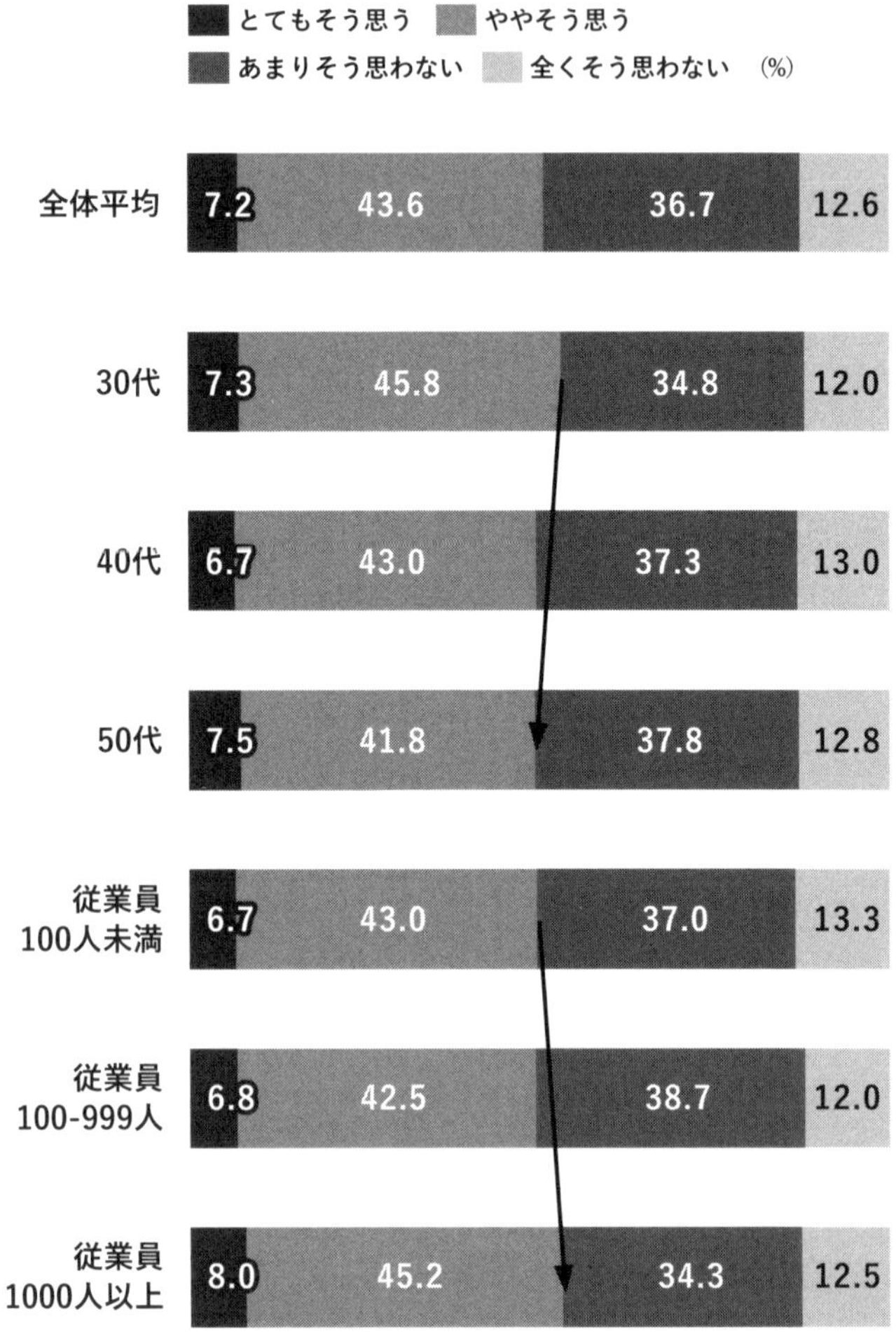

グラフ13：現在の仕事を通じて自身の成長を感じますか

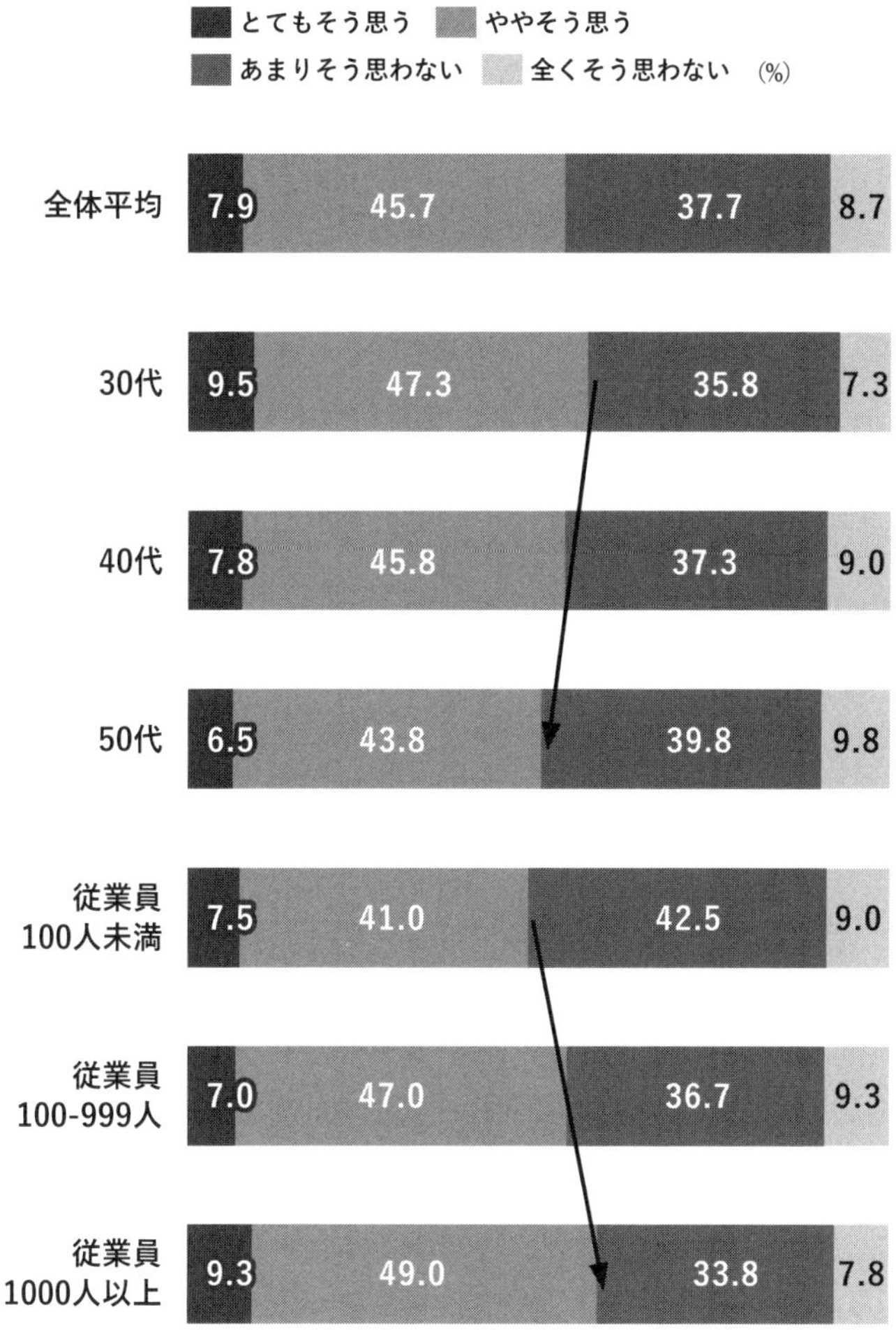

第3章

45歳、55歳になる前に
サラリーマンの財産「生産性資産」を整える

第2章では、会社を取り巻く環境や社員の働き方が変化する中で、会社との向き合い方を考え直す必要性について書いた。終身雇用を前提とした従来型の会社は、閉鎖的な社風や年次文化などに支配されてきた。

しかし、今後は会社や自身の能力を外からの目線で客観視し、会社と対等な関係で向き合える人材が必要になってくる。

Will（希望）、Can（能力）、Must（義務）については既に書いたが、この章では自身のCan（能力）を可視化する方法について説明していく。

◆「サラリーマンの3つの資産とは」

69ページでも述べたイギリスの組織論学者、コンサルタントのリンダ・グラットンによるベストセラー『ライフ・シフト』には、人生100年時代を生き抜くための3つの能力資産（生産性資産、変身資産、活力資産）が紹介されており、具体的には以下のように定義されている。

●生産性資産

仕事に役立つ知識やスキルのこと。「専門性のあるスキルや知識」だけでなく「仕事力や人間力などのポータブルスキル※」も含まれる。

※仕事内容や会社が変わっても使える「持ち運べるスキル」のこと。今後労働流動性が上がっていくことを前提に、どこでも活躍できる人材を増やすべく厚生労働省も推奨している。

●変身資産

世の中の変化に応じて、自分自身を変えられる能力のこと。自分自身の価値観を持ちつつも、時代変化を受け入れて新しいことに取り組む姿勢のこと。

●活力資産

自身の健康や良い家族関係、友人関係など、人に幸福とやる気をもたらす力。

人生全体で言えば「活力資産」が大切なのは言うまでもないが、仕事をしていく上では「生

産性資産」と「変身資産」の両方を兼ね備えていることが重要である。そして私はこの2つを掛け合わせたもの（生産性資産×変身資産）がサラリーマンのサバイバル能力だと思っている。サバイバルという言葉には悲壮感があるが、「時代が変わっても社会での役割と自身のやりがいを持って働けること」と前向きに理解してほしい。

心得⑥：キャリアの棚卸～自身の経験を徹底的に見返す

先ほど能力資産の3要素を紹介したが、以下では第1番目の生産性資産（専門性のあるスキルや知識、仕事力や人間力などの汎用スキル）の自分バージョンを整理する方法について説明していく。

まずは自分自身のキャリアを振り返ってみることから始めるのがいいと思う。履歴書であれば経験してきた会社と部署、担当業務を書くだけでもいいが、この場合は一歩踏み込んで、仕事で苦労しながら学んだことを書き出していく。

以下では、参考までに私自身のキャリアの一部（タイ駐在時代）を使って、学んだことを書き出してみた。私はトヨタ自動車に31年間勤務したが、その中で最も思い出深いタイ駐在時代は、仕事も辛かった分、学びも多かったと思うからだ。

（タイ駐在の経験）

私がタイに赴任したのは38歳になったばかりの頃だった。

海外営業部門の経験もなく、英語が下手な私にとっては海外赴任自体が青天の霹靂だった。当時のタイは１９９７年のアジア通貨危機の痛手が残り、縮小した市場の中で熾烈な販売競争が繰り広げられていた。タイ市場の主力商品はピックアップトラック（荷台のついた小型のトラック）なのだが、トヨタはライバルのいすゞに大きく水を開けられていた。トヨタはアジア市場全体で圧倒的なシェアを持っている中で、アジア最大の市場であるタイの主力商品で、ライバルに大きく水を開けられていることは本社側でも大きな問題になっていた。

私の目から見て、商品力、特にエンジン性能が劣っていたのは明らかだったが、本社側は簡単に商品改良などしてくれず、「売り方が悪い」の一辺倒で責め立てて来る。彼らは以前からタイの販売体制に問題があると言い続けてきたし、それも一面では正しいとも言えた。

一方、タイ人スタッフは日本人である私に「エンジンを変えないと絶対に売れない」と譲らず、私は板挟みになった。私は英語が苦手で、海外営業部門の仕事のやり方もわからない。毎朝会社に行くのがあれほど辛かったことはなかった。

タイは輸入部品には高い関税がかかる。エンジンを入れ替えるためには現地生産をしなければいけないが、部品点数の多いエンジンの現地生産は並大抵のことではできない。私は現地スタッフと一緒になって販売台数で負けている要因を細かく分析し、いかにエンジンの問題が大きいかを分析していった。分業体制の日本と違って調査も自分たちでやらないといけないし、英語もできない中で現地スタッフと一緒に資料を作るのは大変な苦労だった。

次はその資料を持って日本側の関係部署をひたすら回り、本社の役員クラスがタイに来た時には、現地スタッフと一緒にお客を装ってライバル社の販売店に連れて行き、自社の商品の悪口がどれだけ言われているのか聞かせ、更には日本から関係者が来た時には昼夜を問わず同行し、こちらの味方になってくれるように説得し続けた。しかしながら日本側の扉はなかなか開かない。それほどエンジンの現地生産というのは難しいものだったのだ。

苦労の日々が続いていたある日のこと、タイトヨタの工場長（日本人）が、「本社の生産担当副社長に掛け合ってもいい」と言ってくれた。エンジンの現地生産をする場合に一番大変なのは現地の生産部隊であり、工場長もそれまでは強硬に反対していたので本当に驚いたのを覚えている。熱意が通じるというのはこういうことなのかと思った。

本社の生産担当副社長は「生産の天皇」と言われていた方だったのだが、その方が「考えてもいい」と言ってくれたことで、一気に風向きが変わり、異例のスピードで新エンジンの現地生産が進んだ。

しかし、異例の対応でエンジンを変更してもらった以上は、売らないと大変なことになる。そこからはタイトヨタの宣伝部、販売部、現地の広告代理店と一緒になって必死のプロモーション作戦を展開し、販売では大きな成功を収めることができた。思い返してもサラリーマン人生で最も印象に残る仕事だった。

以上は私がタイ駐在で経験したことであるが、これらの経験から「私が学んだこと」は以下のように整理することができるだろう。

●自動車会社社員としての基礎知識の習得（生産関係）

入社以来の14年間は、生産現場や販売現場とは遠いマーケティング部門（宣伝部や商品企画）で仕事をしてきたが、タイトヨタという海外事業体で、特にエンジンの現地生産という未経験の課題を達成するために、生産関係の知識が大幅に向上した。

●自動車会社社員としての基礎知識の習得（販売関係）

さらには、新エンジン導入後の販売増を達成すべく、タイ各地の販売会社を回り、現地現物で販売の実態を学ぶことができた。

●率先垂範型のマネジメントスタイル

赴任前は部下が少ない係長だったが、タイで多くの現地人部下を持ち、彼らと一緒に難題に取り組んだことで、(どんなに大変な仕事でも）明るく、元気に、率先垂範で部下をまとめる「自分流のマネジメントスタイル」を確立することができた。この能力は、帰国後に職位が上がっていった後も自分自身の強みだったと思う。

●関係者の共感を得て、味方を増やす仕事の進め方

タイに駐在する前は、マーケティング部門で14年間働いていたので論理的な資料作りは得意だった。しかし、大きな組織で仕事を進めていく上では、関係部署の理解、共感を得ながら味方を増やしていくことの大切さを学んだ。この能力は企画書ばかり書いていては身に付かなかったと思う。

●日常業務に耐えうる英語力

現地スタッフとの必死のコミュニケーションをとる中で、日常業務に支障ない程度の英語力が身に付いた。そのおかげで更に2年間シンガポールで駐在することができ、英語力が一層レベルアップした。

「率先垂範型のマネジメントスタイル」と「関係者の交換を得て味方を増やす仕事の進め方」は、40歳以降の私の会社人生でフル活用させてもらった。

タイ駐在の後、私は2003年からシンガポールに移り、アジア地域の商品企画機能の立ち上げを担当、その後2005年に日本に戻り、商品企画部でスポーツカー復活プロジェクトの立ち上げ、2008年から宣伝関係の新会社「トヨタマーケティングジャパン」の立ち上げ、2012年からはレクサスの新組織である「レクサスインターナショナル」の立ち上げと、立て続けに新しい組織の立ち上げを主導することになった。

日本に帰国した翌年の2006年に室長に昇格し、2010年には部長に昇格したが、私が室長、部長を務めたほとんどの期間を自ら立ち上げた組織で仕事をしたことになる。こんな人物は過去のトヨタにもほとんどいなかっただろう。

新しい組織というのは「今までの仕事」というのが存在しない。部署としての達成目標やそのための具体的な業務について組織の長が率先して考え、新しく集められたメンバーにも自身の想いを共有していくことが重要である。そして組織の立ち上げは総じて激務になるし、残業も増える。そんな時に辛気臭い上司ではモチベーションも下がるだろう。上司として常に目標をわかりやすく示し、明るく、元気に部下と一緒に働くスタイルをタイで学んでいなければとてもできなかったと思う。

２０１２年のレクサスインターナショナルの立ち上げ時には今でも忘れられない思い出がある。社内から集められた部員の数は28名だったが、業務量は倍の人数でも足りないぐらいだった。残業時間は東京本社内でダントツになり、労働組合が職場調査に入ってきた。その際に部員たちが「一生懸命やっているのだから構わないでほしい」と言ってくれたのだ。その後実施された職場モチベーション調査では、（残業時間がダントツの部署ながら）モチベーションが最高という画期的な結果になり、私は労働組合に呼ばれて、「どうしたら社員のモチベーションを上げられるか」について講義をすることになった。痛快な思い出である。

また、新しい部署やプロジェクトには抵抗勢力が必ずいる。その部署が革新的であるほど、既存部署とのフリクション（摩擦）が起こったりする。それらと戦うことを躊躇する必要はないが、理解者を作ることも必要である。部下に伝えたのと同じように、自部署の目的を関係者にしっかり伝え、時には時間外に食事でもしながら理解者を増やしていくことも必要である。

一生懸命に話をするとわかってくれる人は必ずいる。これはタイで新エンジン導入の仕事をした際に学んだことである。

「日常業務に耐えうる英語力」が生かされたのが、2016年に立ち上げたレクサスインターナショナルでの仕事である。

レクサスは米国発のブランドであり、当時の販売台数も米国市場が過半数を占めていた。ちなみに日本市場は全体の1割以下である。

私が部長を務めたレクサスブランドマネジメント部も部員の約2割は世界中から集められた外国人で、公用語は英語になった。欧米の駐在経験者に較べると私の英語は決して流暢ではなかったが、何とか役目を果たせたのは5年間のアジア駐在のおかげである。国内での業務経験しかなければ、レクサスインターナショナル立ち上げ担当に任命されることもなかっただろうし、レクサスでの経験がなければ独立もできなかったかもしれない。

以上が私自身がタイ駐在の３年間で学んだことの整理であるが、同じことを会社人生全体まで広げれば、相当なボリュームになるだろう。

図２（１１４ページ）は「キャリアレビューフォーマット」の一例だが、自分なりにアレンジしてそれぞれの職場で学んだことをまずは書き出してみてほしい。きっと自分自身でも気がついていなかった「学び」が見つかるはずだ。

図２：生産性資産整理フォーマット

会社名	部署名	期間	担当業務	苦労した経験	経験から学んだこと（できるだけ具体的に）

心得⑦：生産性資産を「見える化」する

キャリアのレビューができると、今まで学んできたことを生産性資産の各要素に分類してまとめていく。先ほども書いたが、生産性資産とは「専門性のある知識やスキル」と「仕事力、人間力などの汎用スキル」の２通りがあり、それらを更に分類していくと以下のようになる。

その①　専門性のある知識やスキル

●社会全般で幅広く通用するもの

国家資格やそれに準じる資格の他に、経理、法務、人事管理、海外貿易等、多くの企業で共通にニーズがあるビジネス関係の専門知識や外国語の能力、ＩＴ関係の知識等が該当する。私の場合は、トヨタ時代の業務経験に加えて、ビジネススクール等で学んだマーケティング全般の知識と海外駐在で身に付けた英語力が当てはまるだろう。

●特定の業界で通用するもの

業界特有のスキルや知識のこと。特に技術分野の方に当てはまることが多いが、事務分野の方についても特定分野で学んだ知識や経験はこれに該当する。私の場合は、商品企画部で学んだ自動車関連の商品知識や、タイで学んだ製造現場や販売現場に関する知見などが当てはまるだろう。

その② 仕事力や人間力などのポータブルスキル

●問題解決能力

仕事とは問題解決の連続と言ってもいいだろう。①問題を発見し、②それを解決するための具体的な課題を整理し、③対策を立案し、④その対策を実行していく一連の行為がまさに仕事である。若い頃は、①は上司から提供されるかもしれないが、②〜④は自分自身でやらなければいけない。

私の場合、タイでの経験がこの問題解決の向上に大きく貢献したと思う。ライバル社に勝つために新型エンジンの導入が必須条件であることを論理的に整理できたこと。そのために会社や自身がやるべき課題を整理し、周囲を巻き込んで関係部署の説得に成功したこと。その後、販売部門と連携して実際の販売向上に成功したこと等の経験を通じて、自身の問題解決能力は大きく向上したと思う。

●対人能力

仕事というのは多くの場合一人だけではできない。それはジョブ型雇用が進んでも変わらないと思う。日々の仕事で、上司、部下、取引先といった多くの人との協力関係が重要である。問題解決能力が高くても、対人能力が低い人は苦労するだろう。「頭は良いが、人間的にはちょっとねえ……」と言われるような人は、この「対人能力」が欠けているのだ。

社内においては部下の士気を高めるようなマネジメントが必要であるし、自分のレベルだけでは無理な仕事は、上司にも協力を仰いで動いてもらう必要がある。上司というのは「媚びる相手」ではなく、目標を達成するためのパートナーでもあるからだ。

取引先との人間的な信頼関係が重要なのは言うまでもないだろう。タイでの新エンジンの導入も（トヨタ社内だけでなく）デンソーの担当者が必死で動いてくれなければ間違いなく実現しなかった。その方とは私が会社を辞めた後でも親しくお付き合いをさせていただいている。

その他、最近よく言われるコミュニケーション力やプレゼンテーション能力も、この対人能力に含まれるだろう。

図3（120ページ）は生産性資産の整理方法を簡単に図式化したものである。キャリアレビューで書き出した「学んだこと」を4種類の項目別に整理していくことで、自身の生産性資産の棚卸ができるだろう。これが整理できれば、自分が想定するキャリアシナリオを実現するために、今後どんな生産性資産を高めるべきかを考える基礎になるだろう。

スキルの棚卸ができたら、転職紹介会社のエージェントと会うのもいいかもしれない。この本は転職自体を特に勧めているわけではないが、人材のプロと話をすることで自身の生産性資産に対して客観的な意見をもらうことは参考になるからだ。

私の本業はマーケティングであるが、自分の人生を考えることは「最大のマーケティング」

だと思っている。

マーケティングでよく使う手法にＳＷＯＴ分析がある。社内研修などでやったことがあるかもしれないが、自社の強み（Strength）と弱み（Weakness）を知った上で、将来の機会(Opportunity)や脅威(Threat)に対応していくための分析手法である。そして最大の活用法は、強み(Strength)を理解し、それを生かして将来の機会(Opportunity)をつかみ取ることである。これは人生でも同じことだと思う。

一度立ち止まって自分自身の棚卸をして、自分は本当に何をやりたいのか、そのために生かせる自分の強みは何なのか、強みを更に強化するには何をすべきなのかを考える時間を作ってみてはどうだろうか。

図３：生産性資産の整理方法

①キャリアのレビューを行い、経験から学んだことを書き出す。

②学んだことを生産性資産の各項目別に整理する。

専門性のある 知識やスキル	社会全般で幅広く通用するもの
	特定の業界で通用するもの
仕事力、 対人力等の ポータブルスキル	問題解決力 ・問題の発見⇒課題の整理⇒対策立案⇒実行
	対人能力 ・上司、部下、取引先との信頼関係 ・コミュニケーション力、プレゼン能力等

第4章

何歳になっても「ポータブルスキル」はサラリーマンの武器

第3章では、自分自身の会社生活をレビューして、生産性資産（専門性のある知識やスキル、仕事力や人間力などのポータブルスキル）の棚卸をすることをお勧めした。

そして本章では、後者の「ポータブルスキル」の高め方について説明していく。その名の通り、「働く場所が変わっても通用するポータブルスキル」こそ、サラリーマンが生き残っていくための、最も基本的な能力であるからだ。

最近の若い人は、就職の面接の際に「自分が成長できる会社に入りたい」とよく言うらしいが、これには「ポータブルスキルが高まる会社」という意味が多分に含まれているだろう。我々世代が若い頃は（自分の成長はさておき）「成長する会社に入りたい」という人が多かった。我々世代に較べて今の若い人は、しっかりしていると思う。

私の専門であるマーケティングの世界では、P&G出身者が様々な会社で活躍している。その理由は、（マーケティングの専門知識ももちろんあるとは思うが）P&G流の仕事術や組織マネジメントといった、ポータブルスキルの力が大きいと思う。P&Gにおけるブランドマネージャーは特別な存在であり、若い頃からエリート教育的に鍛え上げられるからである。

以下では、ポータブルスキルの代表である問題解決能力、対人能力で重要なコミュニケーション力、部下のマネジメント力に加え、最近重要性が高まっているプレゼンテーション能力等、様々なポータブルスキルを高める方法について説明していく。

◆仕事は「問題解決」の連続

ポータブルスキルの中でも「問題解決能力」は非常に重要な能力である。

先述の通り、仕事＝問題解決といってもいいからだ。世間ではイノベーションという言葉がもてはやされ、「日本人は問題解決は得意だが、発想力・創造力に欠ける」という人もいる。しかし、問題解決もできない人から、思い付きのようなアイデアばかり出されても会社は困る。所謂「意識高い系」と言われる人には、このパターンが多い。

本当に「意識が高い人」というのは、課題整理も問題解決もできて、その上で人が思いつかないような発想もできる人のことを言う。所謂「意識高い系」の実態は、一見意識が高そうに見えるが、生産性資産は乏しい人だと思う。

トーマス・エジソンの有名な言葉に、「天才というのは、1％のひらめきと99％の努力である」というものがあるが、1％のひらめき（発想力、創造力）を実現するには、実現の障害になっている99％の問題の解決が必要だということだろう。問題解決がちゃんとできない人は、会社では使えない。

今回の調査では「仕事の中で得意なことは何ですか（年齢別：グラフ14／126ページ、企業規模別：グラフ15／127ページ）」という質問をした。

全体平均のトップ5は「業務遂行のスピード」「粘り強さ」「問題の解決能力」「課題の整理能力」「書類作成の能力」であった。年齢別には「問題解決が得意」という比率は30代に比べて40代、50代が高くなっており、企業規模別には「課題整理」や「問題解決」ともに、企業規模が大きくなるほど得意な人の比率が上がる傾向がある。あくまでも想像だが、企業規模が大きいほど解決すべき問題が多く発生し、歳を重ねるほど解決の熟練度が上がるということかもしれない。

一方、得意と答えた人が特に少なかったのは「語学力」「ＩＴ系スキル」「プレゼン能力」だったが、プレゼン能力を向上させる方法は、本章の最後に説明する。

グラフ 14：仕事の中で得意なことは何ですか（年齢別）

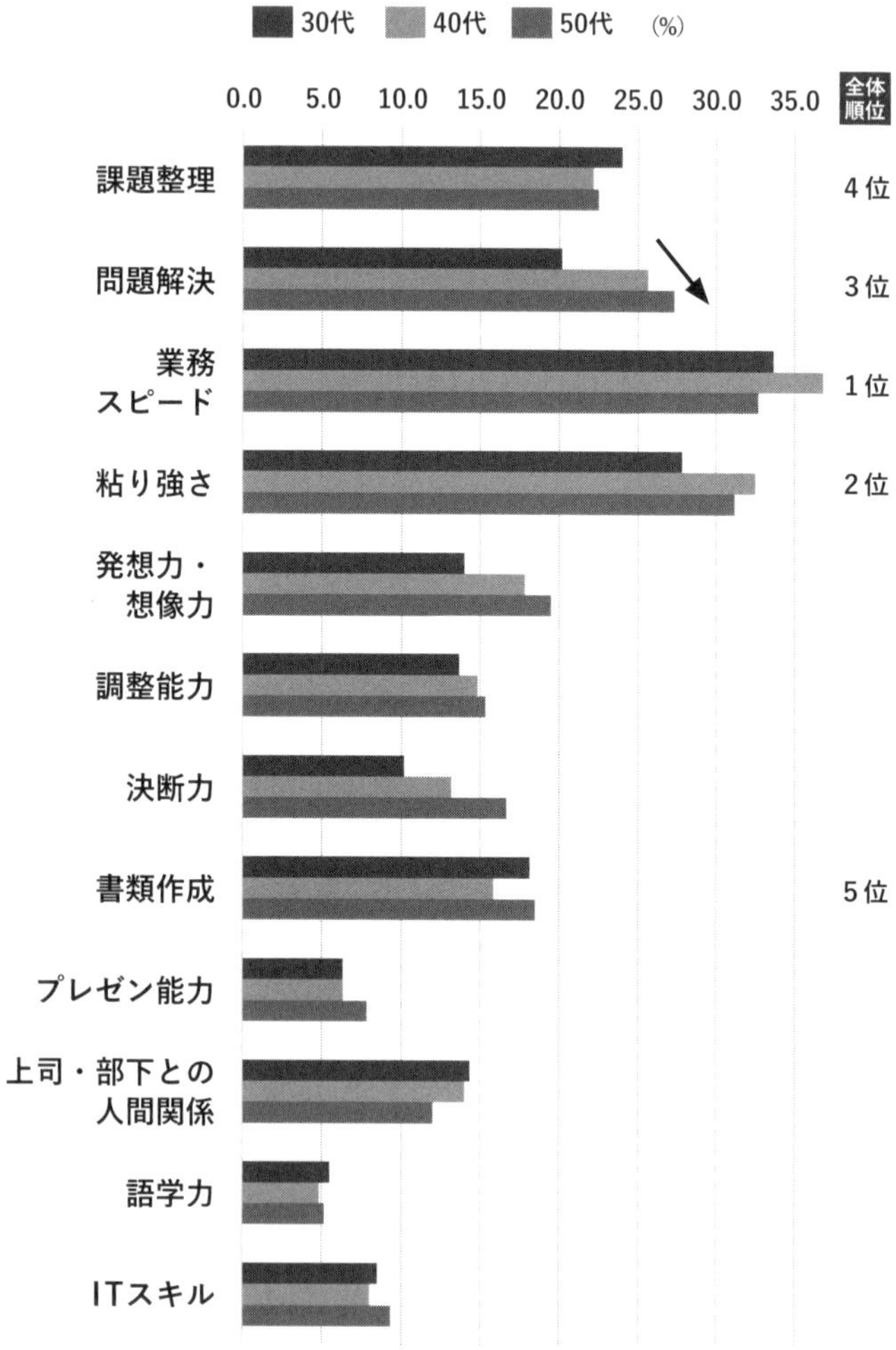

グラフ15：仕事の中で得意なことは何ですか（企業規模別）

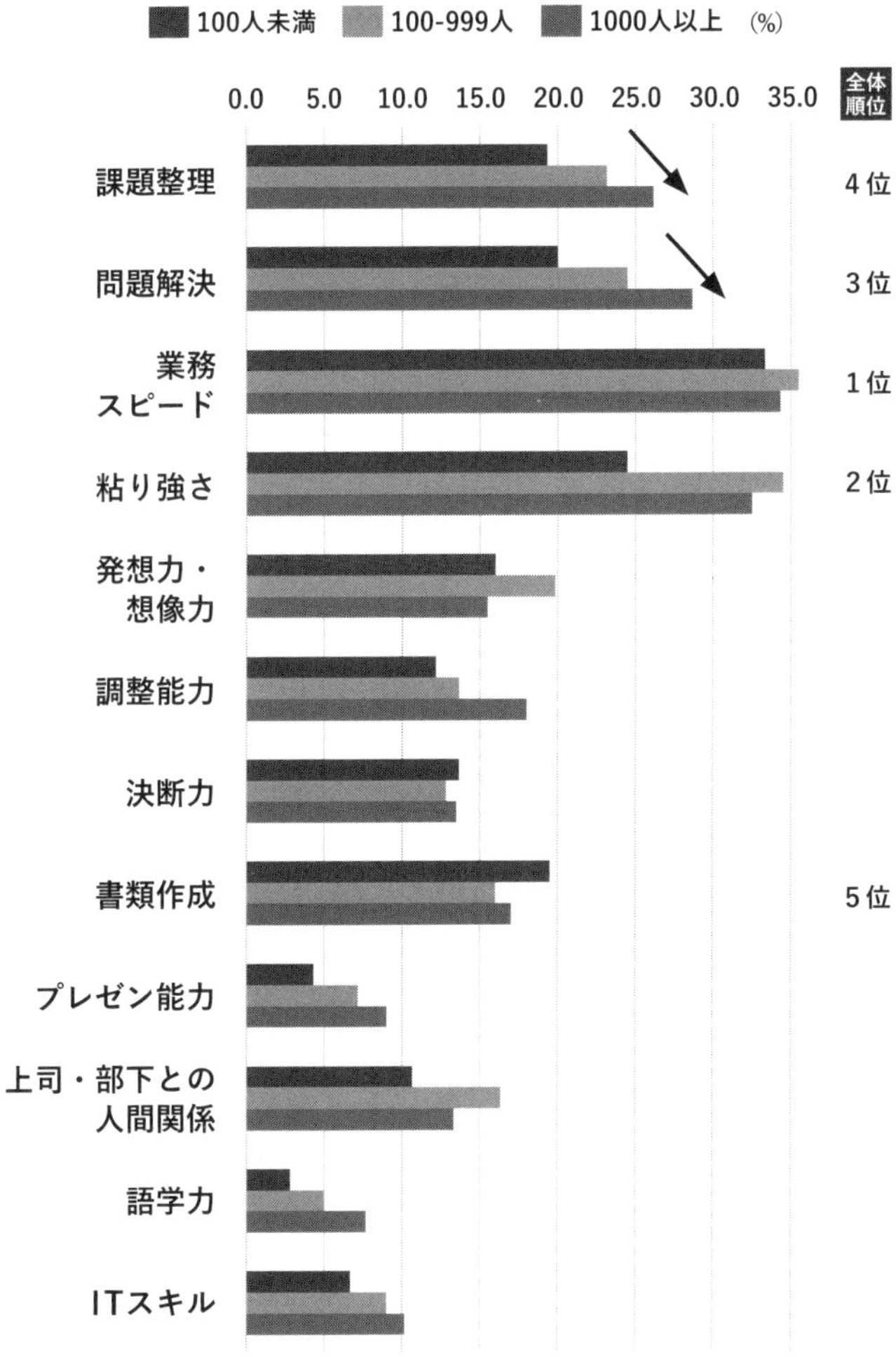

◆ところで「問題」とは何ですか？

次では、少し根源的な話をしていく。そもそも「問題」とは何なのだろうか。「ちょっと問題が起きました」とか「まだまだ問題が残っています」という会話をよく聞くが、「問題の定義」を説明できる人はあまりいない。

答えを先に言えば、問題とは「あるべき姿と現状のギャップ」なのだ。天井から雨漏りがするのが問題なのは、天井のあるべき姿が「雨漏りはしてはいけない」からである。天井はわかりやすい例だが、仕事となるとそう単純ではない。問題解決を行う際には、まず「あるべき姿」を明確に定義することが必要なのだ。その「あるべき姿」の種類によって、問題解決には次の2つのタイプがある。

その①　発生型の問題解決（あるべき姿が明示されている場合）

発生型の問題解決は、会社から目標が明示されていて、現状がそれに到達していない場合に行なう活動である。

例えば、競合商品の登場等により自社商品の売上が減少し、販売目標が達成できなくなった場合、その対策として値引き等の販売促進策を考えたり、競合商品に対抗するための商品改良の検討をしたりするだろう。

この場合の「あるべき姿（販売目標）」は会社が既に設定していて、問題が後から発生したということで、「発生型の問題解決」と呼ぶことができる。

その②　設定型の問題解決（あるべき姿が明示されていない場合）

一方で、「あるべき姿」が明示されていない問題もある。特に新しいプロジェクトを担当した場合などは、あるべき姿（売上目標、利益目標等）を自らで設定しなければならない。このようなケースは「設定型の問題解決」と呼ぶことができる。

最近、「バックキャスティング（Backcasting）」という言葉がよく言われるようになった。「未来のあるべき姿」から現在に遡って、課題解決を考えるアプローチ方法である。「未来のあるべき姿」を描くというのは、①とは違った発想力が求められるが、実現性が全くなければ単なる荒唐無稽なアイデアで終わってしまう。
そして、未来の目標を達成するために、今できていることと、できていないことをしっかり峻別して、着実に目標達成に向けた計画を立てる能力が必要になる。

多くの人は問題解決とは①のような「与えられた目標を達成する」という狭義の意味でとらえがちだが、②のような「自らあるべき姿を設定して、現状とのキャップを埋める」ことも問題解決なのである。**問題は会社や上司が教えてくれるものだけではない。自ら問題を見つけて、それを解決していく能力が「使えるサラリーマン」になるには必要なのだ。**

心得⑧：自分流の「問題解決の型」を持てば強い

問題を見つける能力の次は、問題を解決する能力である。そして問題解決については、「自分の型」を持つ人は圧倒的に強いと思う。

「自分の型」と言った時、私が思い出すのは広告クリエイターの伊藤浩之さんのことだ。伊藤さんは大学卒業後に電通に長年勤務され、私はレクサスブランドを担当していた時にお世話になったが、今は独立されてアイーダクリエーティブという会社を経営されている。この方のすごさは、徹底的な「聞く力」である。

芸術家肌のクリエイターは、自分がやりたいことを主張する傾向が多いが、伊藤さんはまず直接会って、徹底的にクライアントの話を聞く。ただし、決して言われた通りの広告を作るのではなく、会話の中から色々な情報を引き出し、最後はクライアントが「私がやりたかったのはこれだったんだ！」と思わせる表現を提案されるのだ。

広告とは「モノを売りたい」「ブランドを高めたい」といったクライアントの課題を解決する手段である。表現に落とし込む際には芸術的なセンスももちろん重要だが、その前に「何があるべき姿なのか」を明確にしなければならない。時にはクライアント自身も自覚していない「あるべき姿」を「聞く力」によって引き出す。その力こそが、伊藤さんの型なのだと思う。

以下では「自分の型」を作っていくための3つの方法を説明していく。

①過去の成功体験を分析する

会社人生の中では、うまくいく時もあれば失敗する時もある。その中からうまくいったケースをいくつか思い出して分析してみると、自分の成功パターンが見えてくるかもしれない。特に修羅場を乗り切った経験はサラリーマンにとって宝である。

私の場合は第3章で紹介したタイ赴任時代の経験が自分の型の基礎になった。ピックアップトラックが売れない理由について、調査データだけではなく現地現物で確認し、（元来得意であった）資料にわかりやすく落とし込みつつ、会議体だけでない、あらゆる方法で社内の合意形成を図っていくスタイルは、その後の仕事につながっている。

私の型を表現すると「まず現地現物。次に論理的な資料。最後は熱意を込めた必死のコミュニケーション」ということになる。タイの後、シンガポールで2年の駐在を経て2005年に日本に戻り、商品企画部、新会社（トヨタマーケティングジャパン）の立ち上げ、レクサスのグローバルブランディングといった仕事をやったが、タイでの修羅場で得た経験が大変役に立った。

一般的には、働いた年数が長いほど経験値が高まるはずだが、経験を分析して「自分の型」を持てる人と、単なる思い出や自慢話で終わらせる人とでは大きな差ができてくる。後者は当然、働かないおじさん予備軍だ。

序章で紹介したシニア社員への辛辣な意見の中に、「過去の武勇伝を偉そうに話すな」といった声が多数あったが、そう言われている人はおそらく後者のタイプだろう。アンケートのコメントには「ノウハウを教えてほしい」という声も多くあった。問題解決の型こそ、ノウハウの塊である。武勇伝ではなく、問題解決の型をアドバイスしてあげれば、聞く耳を持つ若者もいるはずだ。

②他人のやり方を学ぶ

周囲にいる仕事ができる人の「型」を学ぶ方法もある。私が30代前半で、宣伝部から商品企画部に異動してきた時、参考にした人が二人いた。

一人は私の先輩で、頭の回転が尋常でないほど速い人だった。聞いてみると高校時代の模擬試験で何度も全国1位になった人で、課題整理の切り口が驚くほど的確でかつ速い。ある時、二人でチームを組んでかなり難度の高い分析を1週間でまとめるようにと上司から指示があった。私が先輩の切り口の鋭さに感心しているうちに2、3日で完璧なレポートができてしまった。

もう一人は後輩だった。前の部署が人事部ということもあり、人の分析が天才的で、説明する相手に応じて説明のしかたを変えて説得する才能に長けていて、「それはちょっと無理だ」と思うような話もうまく通してしまう。学ぶ相手は先輩だけではない。後輩や部下からも学ぶ姿勢が重要である。


人にはそれぞれ色々なやり方、考え方があるので完全コピーすることはできない。ただし、考えが行き詰まった時に「あの人ならどう考えるだろう」と想像することで、今までと違う解決策が出てくることもある。私はこのやり方を「人の頭で考える（別名：イタコ作戦）」と呼

んでいる。そして何度か真似ているうちに、自然と自分の型の一部になっていくのだ。

③本から学ぶ

もちろん本を読むという方法もある。Amazonで「問題解決」と打ち込むだけでたくさんの本が出てくる。何冊か読んで、書かれていることの中から自分に合っていると思うものを整理してみるといい。

私も在職時に『トヨタの問題解決』（ＯＪＴソリューションズ編　ＫＡＤＯＫＡＷＡ／中経出版）という本を読んだ。トヨタ出身者が関わっているコンサルティング会社が書いた本だけあって、トヨタ社員にも大変参考になる本である。先ほど書いた「問題とはあるべき姿と現状のギャップ」「問題解決には発生型と設定型がある」といった話はこの本から学んだ。

私が生業としているマーケティングの世界にも、問題解決に有効なツールがいくつもある。代表例が３Ｃ分析やＳＷＯＴ分析である。

３Ｃ分析というのは、企業活動の重要な要素として、市場環境（Customer）、競合環境

(Competitor)、自社環境（Company）に着目して、「現状を見える化」していく手法である。（図4　138ページ）

ＳＷＯＴ分析というのは、自社の強み（Strength）、弱み（Weakness）、将来の機会チャンス（Opportunity）、将来予想される脅威（Threat）を整理して、「意思決定の参考」とする手法である。

私の場合は3ＣとＳＷＯＴを合体させ、図4（138ページ）のようなマトリックスを我流で作っている。各々を別々にやるよりは短時間でできるし、人にもわかりやすく説明できるからだ。学術的にはやや無理があるのかもしれないが、ビジネスにとって時間の節約と、説明のしやすさの方が重要だからである。

私は現在、様々な企業を相手にマーケティングやブランディングの戦略を策定する仕事をしているが、多くの場合は企業側の方々と一緒に議論しながら進めていく。その際に、最初にやるのがこのマトリックスづくりである。各メンバーが自身でしっかり考えた案を作成して、全員で議論しながら1枚にまとめていく。現状認識の共有ができていないと議論が拡散するからである。

マトリックスができれば、「自身の強みをどう生かすべきか」「弱点をどのように克服すべきか」「将来の機会をどのようにつかみ取るか」「脅威を回避するのはどうすればいいのか」といった議論が論理的にできる。そして、この手法は会社の仕事だけでなく、自身の将来を考えることにも使える。

そして、このマトリックスをじっと眺めて、現状の問題点を解決する方法や、将来のあるべき姿を考える参考にしていくのである。

図4：3C分析、SWOT分析の合体

<table>
<tr><td colspan="2" rowspan="2"></td><td colspan="3">3C分析</td><td rowspan="2">その他社会環境</td></tr>
<tr><td>CUSTOMER
（顧客）</td><td>COMPETITOR
（競合会社）</td><td>COMPANY
（自社）</td></tr>
<tr><td rowspan="4">SWOT分析</td><td>STRENGTH
（強み）</td><td colspan="3" rowspan="2">①</td><td></td></tr>
<tr><td>WEAKNESS
（弱み）</td><td></td></tr>
<tr><td>OPPORTUNITY
（機会）</td><td colspan="3" rowspan="2">②</td><td rowspan="2">③</td></tr>
<tr><td>THREAT
（脅威）</td></tr>
</table>

①3C（対顧客、対競合社、自社の能力）の視点で強み、弱みを整理
②3C（対顧客、対競合社、自社の能力）の視点で将来の機会、脅威を整理
③自社に関係する社会環境（社会動向全般※、法律改正等）から
　機会と脅威を整理

※最近だとデジタル化、ＳＤＧｓ、少子高齢化、グローバル化等の視点

心得⑨：コミュ力と多弁は違う

最近はコミュニケーション能力のことを「コミュ力」と言ったりするが、このコミュ力はポータブルスキルのひとつ「対人力」において、極めて重要なスキルである。上司、部下、取引先と信頼関係を構築する上では、当然コミュニケーション力が極めて重要だからだ。

組織で仕事をする以上、意見の食い違いは必ず起こる。ただし、私の会社員時代の経験から言えば、**社内の揉め事の9割はコミュニケーションによって解決できる。**多くの場合、お互いの理解不足や誤解が原因だからだ。よく聞いてみると、お互いにそんなに違ったことを言っていないことも多いし、多少の意見の食い違いはあっても妥協点を見つけられる場合が多い。「話せばわかる」とはよく言うが、むしろ「聞けばわかる」といった方が正しい。

コミュニケーション力＝話す力ではない。これは、一番重要なポイントである。おしゃべりな人が「私はコミュ力には自信があります」などと言うが、それは全くの間違い。むしろ逆で、おしゃべりな人ほど注意が必要である。コミュニケーション力とは、話す力よりも聞く力の方

が大事なのだ。

最悪なのは、相手の話を全く聞こうとせず、結論ありきで、その理由ばかりをまくしたてる人だ。特に「自分は仕事ができる」と思っている人ほど要注意である。相手を言い負かすことに快感を覚え、論破することで自分はコミュニケーション能力が高いと信じている。そんなことを繰り返していると誰も相談に来なくなるし、情報自体が入ってこなくなる。

「聞く力」の次に大事なのは、「質問力」である。相手の話を聞きながら、今度は質問を投げかけていく。

「今おっしゃっていることはこういうことですか?」とか、「今のお話について私はこう思うのですが、どう思われますか?」などと質問することで、双方の考えの共通点と相違点を探していくのだ。

特に、部下や同僚から相談を受けた時の対応には注意が必要だ。吉原珠央さんの著作『自分のことは話すな』(幻冬舎)の中に、「相手が大切にしているキーワードを会話の中から発見、引用、活用していく」という一文があった。ポイントとなる言葉を「なるほどね」と言いながら反復してあげることで、相手は安心する。そして最後に、簡潔なアドバイスを伝えればいいのである。

相談に来る人の多くは、解決策自体を聞きたいのではなく、自分の考えを整理するのが目的である場合が多い。若手社員が相談に来た際に、ろくに話も聞かずに自分の意見を押し付け、昔の自慢話を話し続けたりしたら、誰も寄りつかなくなるのは明らかだ。

もちろん、聞けば聞くほど相手が間違っていると思うこともあるだろう。特に仕事上の重要な案件で譲れない時は、相手の意見の間違いを指摘して、徹底的に戦えばいい。話す力の牙はそのような時のために取っておけばいいのだ。私の場合、そのような機会は年に一度あるかないかだったと思う。

心得⑩：部下ができたら学ぶべき4つの「TION」

歳を重ねると、多くの場合、管理職という役割が回ってくることになる。特に40代以降は上司としての仕事の比率が上がってくるだろう。今回の調査では、30代の社員の方に「仕えたい上司のタイプ／自分がなりたい上司のタイプ（グラフ16）144ページ」を聞いてみた。ちなみに、その際に提示した3つ上司のタイプは以下の通りである。

①叱咤激励型…目標達成に向けて檄を飛ばして引っ張っていく上司
②相談型…部下と一緒になって考え、自らも汗をかいて取り組む上司
③サーバント型…部下が自ら考え、働きやすいように支援する上司

「仕えたい上司のタイプ」で一番多かったのが「相談型（54％）」で、2番目は「サーバント型（33％）」。一番少なかったのは「叱咤激励型（13％）」だった。これは企業規模別に見ても大きな差はなかった。また、「自分はどんな上司になりたいか」の質問についてもほぼ同じ傾

向になっている。「自分が仕えたいような上司になりたい」と思うのは当然といえるだろう。

グラフ１６：（３０代が考える）自分が仕えたい上司／
自分がなりたい上司

仕えたい上司のタイプ

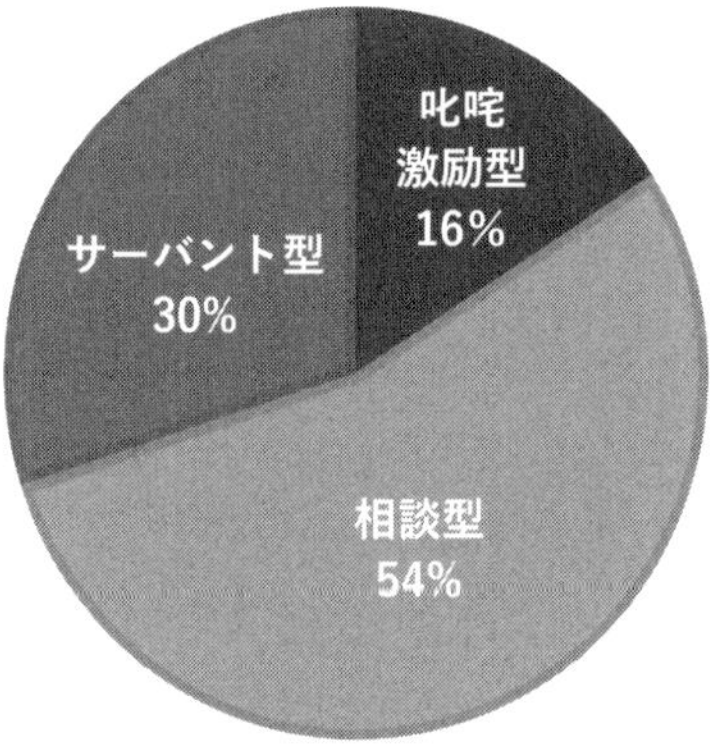

なりたい上司のタイプ

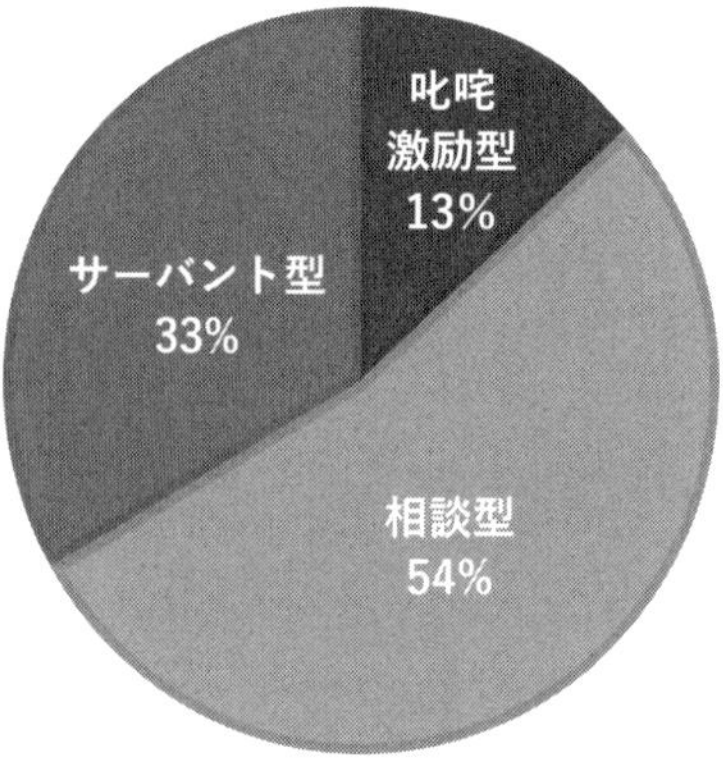

私が入社した1980年代の日本企業では「叱咤激励型」が多かったと思う。叱咤激励のやり方も、一部の会社ではモノが飛んでくるようなことが普通にあった。今ではパワハラとなり、完全にアウトだろう。このようなやり方が機能したのは、右肩上がりの時代は目標自体が明確で、決まったやり方で頑張れば結果が出たからであり、後はどれだけ頑張るかが勝負だった。（先輩方には失礼だが）当時の上司は楽だったと思う。

当時は、今思えば無駄なこともずいぶんとやっていた。私の経験でも、必要以上に資料を作ったり、更に細かい修正を何度もやらされたりしたことを思い出す。残業は多かったが、仕事の密度は決して濃くなかった。しかし、今は仕事自体が複雑化している上に、残業規制などもあるので、無駄なことをやっている余裕がない。

最近の若者に仕事を頼むと、「その仕事はやる必要あるのですか?」と言われたという話をよく聞くが、これは言われた上司の方が悪い。今の時代、仕事の必要性を部下に理解させることは、上司の義務である。

私自身は31年間の会社員生活の3分の2以上は「上司」をやっていたが、その経験から上司の役割は以下の４つの「tion」に集約されるという考えに至った。

①Direction

上位方針もふまえて自らも必死で考え、部下に頼む仕事の必要性とアウトプットのイメージを明確に示し、目標達成に向けて部下を牽引していく。

②Allocation

目標を達成するための人員や予算を戦って確保してくるとともに、部下のできること（Can）や、部下がやりたいこと（Will）を考慮して最適な体制を考える。

③Motivation

日々部下の様子を観察し、時には元気づけ、やる気を引き出し、楽しく仕事に取り組んでもらえるような職場を作る。

④ Solution

部下が必死で頑張っても解決できない局面に至ったら、自ら率先して現場に出て行き、部下とともに問題解決に取り組む覚悟を持つこと。

ちなみに調査の質問例でいえば、①の Direction は「叱咤激励型」であり、②の Allocation と、③の Motivation は「サーバント型」、④の Solution は「相談型」に「叱咤激励型」を加えたものに近い考え方になるだろう。

人の性格により各要素の比重は異なるかもしれないので、ぜひ自分なりの上司の型を作ってほしい。ただし上記の４要素のどれが欠けても上司としては失格であることは覚えておくべきだ。

部下や上司の呼び方も最近は変わり、所謂「さん付け」が主流になりつつある。今回の調査「部下をどのように呼びますか（グラフ17　150ページ）」でも、年代を問わず「さん付け」が７割前後となっている。

また、「上司をどのように呼びますか（グラフ18　151ページ）」についても、○○部長のような役職で呼ぶ比率は3割以下となり、5割以上が「さん付け」となっている。

部下や上司の呼び方は、ここ20年ほどで大きく変わったと感じる。私が部長をやっている時に、比較的年齢が高く、昔から知っている部下は（今更変えられないので）呼び捨てで呼び、若い人のことは「さん付け」で呼んでいた。一方、私のことを「高田部長」と呼ぶ部下はほとんどいなくなったし、私自身も上司である役員を「さん付け」で呼ぶようにした。

私が若い頃は、部下は「呼び捨て」、上司は「役職」で呼ぶケースがほとんどだったが、「さん付け」はとてもいいことだと思う。仕事で上下関係があっても、人間同士として尊重し合うのは当然のことだ。

そして、人生の一時期に一緒に仕事をした仲間は、年齢を超えて一生の友人になる。「休日にＢＢＱに誘う上司はダメ！」みたいな意見もあるが、部下とのプライベートな付き合いを全否定するのは行き過ぎだと思う。限度と公平性を考えて、節度を持ってやればいいと思う。

部下を育てることも重要だが、仕事を通じて部下に育ててもらうという謙虚な姿勢、感謝の気持ちを持ってほしい。私はトヨタ自動車に勤務していた時代、管理職の連中に「部下をお客様だと思って接しなさい」と言ってきた。親身になって部下の面倒を見て、育ててあげると、必ず自分に返ってくるからである。私の経験から言うと、部下の悪口ばかり言っている人間は、優秀な管理職になれないと思う。

グラフ 17：部下をどうのように呼びますか

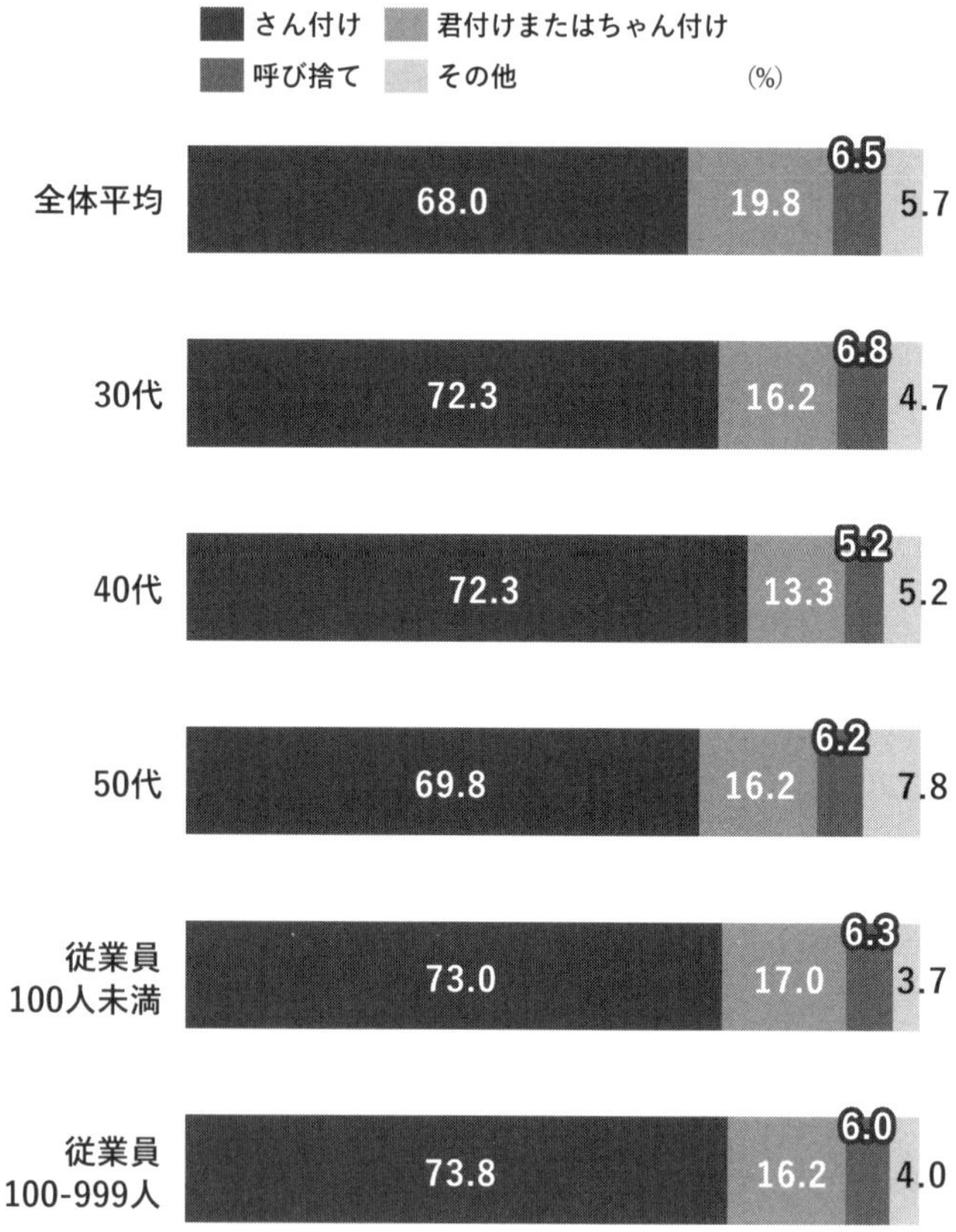

グラフ 18：上司をどのように呼びますか

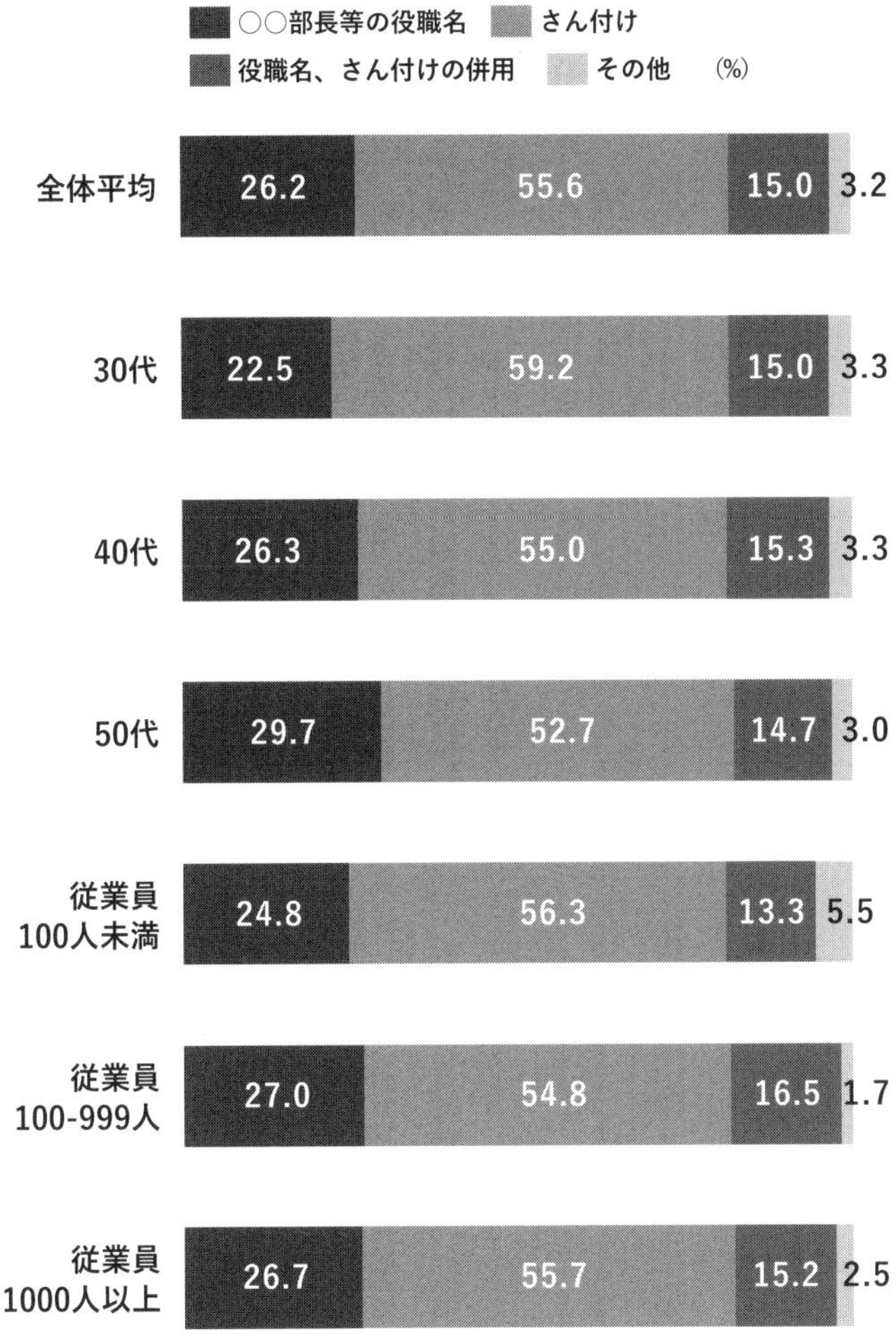

心得⑪：「やればできる」プレゼン上手

日本人はプレゼンテーションが苦手だと言われる。先ほどグラフ14（126ページ）、グラフ15（127ページ）で紹介した調査結果を見ても、「プレゼンテーションが得意」と答えた人の比率は極めて低かった。

欧米人はプレゼンがうまいと言われるが、前職時代にそれを改めて感じた経験がある。

2012年から約4年間、私はレクサスブランドマネジメント部という部署の部長をやっており、その部では世界中の販売子会社の外国人が出向社員として来日して一緒に仕事をしていた。ある時、オーストラリアの販売子会社から着任してきたばかりの女性が、世界各国のレクサス責任者を集めた重要な会議で、イベント企画のプレゼンをすることになった。彼女は数日前に引き継ぎを受けたばかりであり、私も当初は心配していた。しかし、彼女は極めてわかりやすく、堂々と、情感まで込めた話しぶりで見事なプレゼンテーションをやりきった。これには私も本当に驚いた。

しかし、日本人にも圧倒的なプレゼン能力を持った人たちがいる。それは、通販番組の司会者の方々だ。「印象的なフレーズやわかりやすい使用シーンを駆使して商品を説明されると、開発担当者ですら感動する」と、ある家電メーカーの方から聞いたことがある。

私が大好きなのはジャパネットタカタの塚本慎太郎さんだ。単に話がうまいだけではなく、誠実な人柄まで伝わってくる。ちなみに塚本さんはジャパネットタカタの社員（テレビ制作部副部長）で、大学の理工学部を卒業後に自動車販売店の営業マンを経て、ジャパネットタカタに中途入社されている。何が言いたいかというと、「日本人だってやればできる」ということである。

プレゼン能力を高めるには場数を踏むことは大事だが、ある種のテクニックも必要である。私は若い頃から以下のようなことに留意して、会議に臨んでいた。

①最初に説明の目的を話す

説明に入る前に「今回の説明の目的（単に報告なのか、何かを決めてほしいのか）」を簡潔に話す。それによって聞く側の姿勢も変わってくるからである。

②文字をそのまま読まない

一番いけないのは、資料の文字をそのままダラダラと読むこと。気の短い人は説明を聞かずに、先に資料を読んでしまう。資料の重要なところは事前に太字にしておくか、アンダーラインを引いておき、基本的にはその部分だけを簡潔に説明する。説明前に「太字の部分を中心に簡潔に説明します」と言えば聞く方にもわかりやすい。グラフや表は「言いたいこと」を補足してくれる場所にマルを付けるなどして、その部分を中心に話す。

③資料に書いていない話を織り込む

これは是非やってほしいテクニックである。「資料には書いていませんが……」と言って、資料の内容を補足するような話（例：自身が現場で聞いてきた話や、他社のちょっとした事例）を入れると、聞き手の注目度が上がる。

④説明で70％、質問で30％理解させることを考える

話が長くなってしまう要因は、説明で100%理解させようとするからだ。しかし、聞き手にとって心地いいのは、「もうちょっと聞きたいな」と思えるようなプレゼンである。プレゼンですべて分からせようと考えずに、その後の質疑も含めて100%の理解を得られればいいと考える。

⑤（プレゼンが苦手な人は）説明原稿を事前に書いてみる

プレゼンが苦手だと思う人は、事前に説明原稿を書いて練習してみる。それを読んでみると、説明に何分ぐらいかかるかわかる。何度かやっているうちにコツがつかめてきて、原稿を作らなくても時間通りに説明できるようになる。

プレゼンがうまい欧米人ですら、コーチをつけて練習している人もいる。元々話すのが得意ではない日本人こそ、しっかりと練習すべきなのだ。話すのが苦手な人はビジネスプレゼンテーションの講座を受講したり、話し方教室に通ったりするのも一案だろう。

第5章
70歳まで働くための「変身資産」

第4章では、生き残るためのひとつ目の資産である「生産性資産」について書いたが、それだけではまだ不十分である。

具体的に言えば、変化への対応力（変身資産）が必要なのだ。「生産性資産」が仕事に直接的に役立つ知識やスキルであるのに対して、「変身資産」は変化に対応して自分自身が変われる力のことを指す。

◆「ゆでガエル」になってはいけない

２０１６年の日経ビジネスに「どうした50代！　君たちはゆでガエルだ」という特集記事が掲載された。「常温の水にカエルを入れて徐々に水温を上げていくと、逃げ出すタイミングを失ってゆで上がってしまう」ということを例えに、環境変化に気づかずに時代遅れになってしまったシニア社員の問題点を指摘した記事である。

何度も書いたが、現在の50代はゆで上がっても何とか逃げ切れる。60歳定年のつもりでいたら、政府が定年を65歳に延ばしてくれた。65歳からは年金がもらえるし、企業がさらなる就業機会を与えてくれるかもしれない。しかし、今の40代以下の方々は変化することができないと、本当に大変なことになる。

新型コロナの流行は日本企業の働き方改革が進むきっかけになり、特にリモートワークの急速な普及は仕事の仕組みを変える契機になった。そしてリモートワークは、ジョブ型との相性がいい。

先日ある会社の部長から、リモートワークになって業務領域の明確化が進み、メンバー間の能力差がわかりやすくなったという話を聞いた。働きの悪いカエルは、ゆで上がる前につまみ出されてしまうかもしれない。40代以下の人は、働かないおじさんを反面教師にして、時代変化への適応能力を上げていかなければならない。

序章で紹介した今のシニア社員に対する辛辣な声を、もう一度思い出してほしい。「働かない」「態度が悪い」「昔の価値観や考え方を強要しないでほしい」「もう辞めてほしい」といった辛辣な声が溢れていたが、将来自分たちが同じことを言われないようにするためには、自分のスキルを常にアップデートし、ゆでガエルにならないための準備を今から始めないといけない。

対応すべき変化は以下の2点である。

●社会変化への対応

今後はさらにDXが進み、仕事のやり方は日々変わっていく。それに対応したIT関係の知識を常にアップデートしていかないと会社の中で置き去りにされるだろう。

また、ジョブ型への移行が進むことで、責任領域の明確化と成果の見える化が進む。これはシニア社員も例外にはなれない。仕事によっては、SDGsのような新しい視点を持つことも必要になってくるだろう。

●個人の立場が変化することへの対応

サラリーマンの「2つの節目」については既に書いたが、45歳前後の出世の限界を超えると、多くの人は昇格、昇給が止まる。そして、55歳前後の役職定年により、会社における自身のポジションが下がり、後輩や元部下が上司になり、その状態は65歳定年まで10年間も続く。

これらの節目を回避できるのは、役員に昇格できた人や、一部の大企業で子会社の幹部ポストを用意してもらえるような少数の人に限られる。

しかし今後は、今のシニア社員のように「働かないおじさん」になることは許されず、働きが悪いと居場所がなくなり、最悪は解雇という事態にもなりかねない。

自身の立場が変わることを受け入れ、意識を変えて組織に貢献する柔軟かつ前向きな姿勢が求められる。

心得⑫：若者から学ぶ者が勝つ

激しい時代の変化の中で生き残るために絶対必要なこと。それは若者から学ぶことである。これができない人は、確実に脱落していく。すぐに「最近の若い奴らは……」という口癖が出てしまう人は本当に要注意だ。

時代の移り変わりとともに、若者世代は様々な名称で呼ばれてきた。例えば、私の世代

（1960年代生まれ）は「新人類」と呼ばれていた。高度成長期に生まれて、もの心がついた頃は日本は既に経済大国になっていたので、「貧しさを知らない新しい世代」とも言われた。

会社に入った頃の上司には太平洋戦争を経験した人も多く、私は当時の上司から「僕には君が宇宙人に見える」と言われたことがある。年配者と若者とのギャップは、今とは較べものにならないほど大きかったと思う。

世代の価値観というのは生育課程の環境に大きく影響される。新人類世代の中でも、1960年代前半に生まれた人たちは、1986年から始まったバブル景気を経験し、バブリーな価値観を持ち続けたまま年をとった人も多い。彼らが「昔は良かった」とか「俺の若い頃はもっと遊んだ」と自慢するのはそんな背景があるからだ。

一方、今の若者は「Z世代」と呼ばれている。そして、Z世代の前にはX世代、Y世代という人たちがいる。X世代は1965年～1980年生まれで、後半は所謂団塊ジュニアと重複している。Y世代は1980年～1995年に生まれた人たちで、2000年以降に成人になったという意味で「ミレニアル世代」と呼ばれることもある。そして、1995年以降に生まれた人たちがZ世代である。

X世代と命名された理由は「X＝未知、理解できない世代」という意味が込められており、それ以降はX⇒Y⇒Zと変遷してきた。特にZ世代がその上の世代と大きく異なるのは、ITリテラシーが極めて高いことにある。Amazon、Google、Facebook（現Meta）といった米国IT企業は、Z世代が生まれる前から存在していたからだ。

さらに言えば、Z世代は会社に対する向き合い方も、上の世代とはかなり違うように思う。特に優秀層になるほど就社意識は低く、将来の転職、独立を視野に入れたキャリアプランを考えている人が多いと感じる。そして30代前半までに起業して成功する人も増えている。

若者に色々言いたいことはあるだろうが、私からのアドバイスは「最近の若い奴は……」という言葉を封印することだ。私から見ると十分に若い30代の人が、「最近の若い奴は……」と言っているのを聞くと、人類がいかに歴史から学んでいないのかがわかる。本当に若い人たちがずっと前の世代よりダメであったら、人類はどんどん退化しているはずだ。そうなっていないのは、若い人ほど新しいことを受け入れ、世の中を進化させてきたのだ。

まずやるべきことは、優秀な若い人たちと徹底的に話をすることである。社内に該当するような人がいなければビジネススクールに入学したり、異業種交流会に出かけてみるのもいい。そして色々と質問をしてみる。間違っても自分の自慢話に長い時間を使ってはいけない。同世代と遊んでいる方が楽かもしれないが、若者から刺激を受け、学ぶ姿勢を持ち続けないと自身の進化は確実に止まる。変身資産を高めるためには、次の時代を作っていく優秀な若者の考えを聞くことは必須条件である。

心得⑬：自身を高める3つの人脈

変身資産を高めるためには、人脈を広げ、多くの人の多様な考え方を学ぶことが重要である。

今回の調査では「人脈作りについて現在行っていること／今後強化したいこと（年齢別：グラフ19　166ページ、従業員数別：グラフ20　167ページ」について聞いた。

「勉強会等、社外活動への参加」「ＳＮＳ等で社外の優秀な人材とつながる」「キャリアについて相談できる人を作る」の各項目において（年齢別には総じて30代が高く、従業員数が多くなるほど高い傾向が見られたが）、いずれの数値も全体の１割程度、またはそれ以下にとどまっている。

私が勤めていたトヨタ自動車もそうであったが、日本企業のサラリーマンの交友関係は社内及び取引先に偏っており、かつ年齢層も同世代同士での交流が多い。これは本当にもったいないと思う。

グラフ19：人脈作りについて（年齢別）

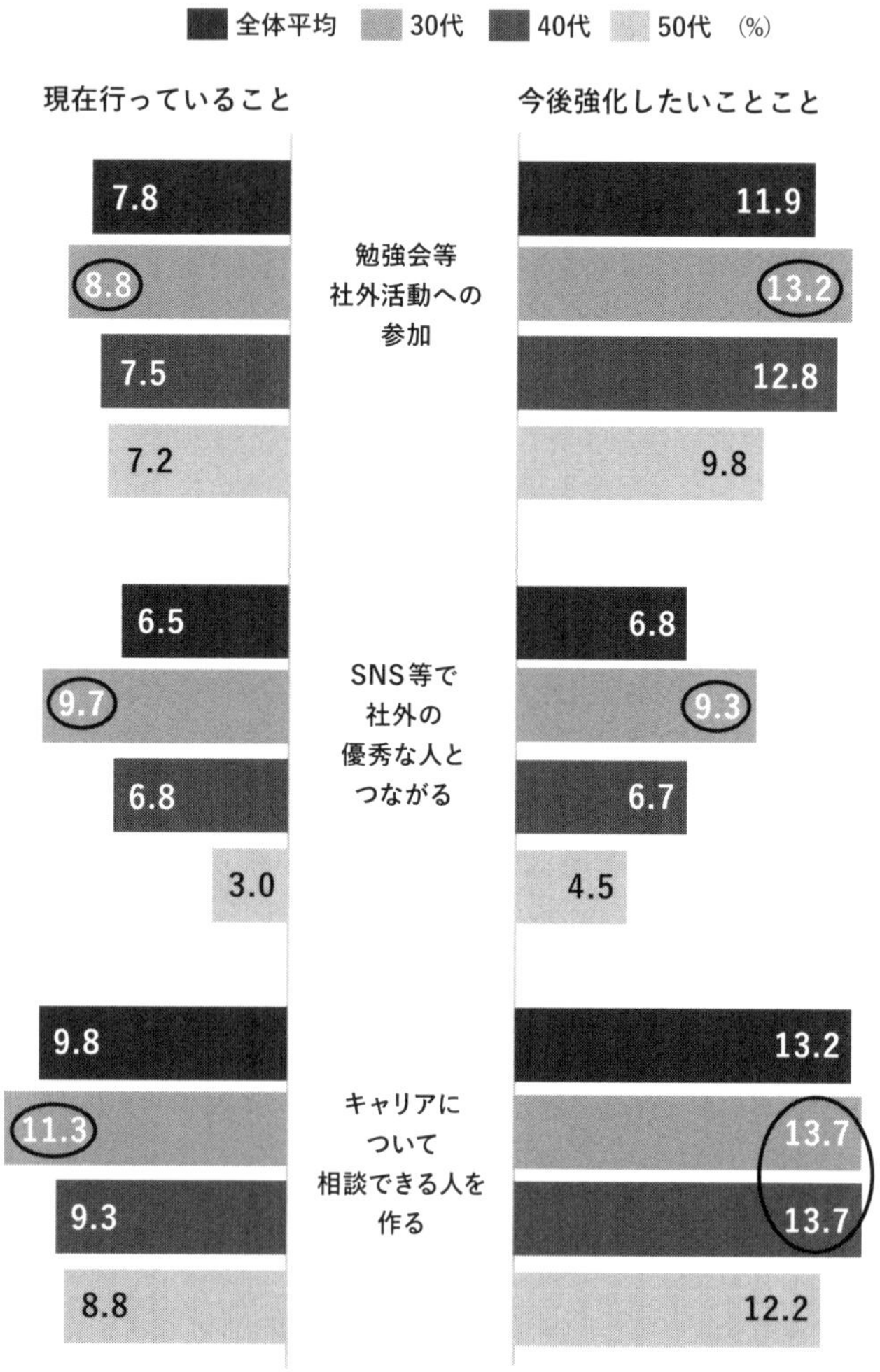

グラフ20：人脈作りについて（従業員数別）

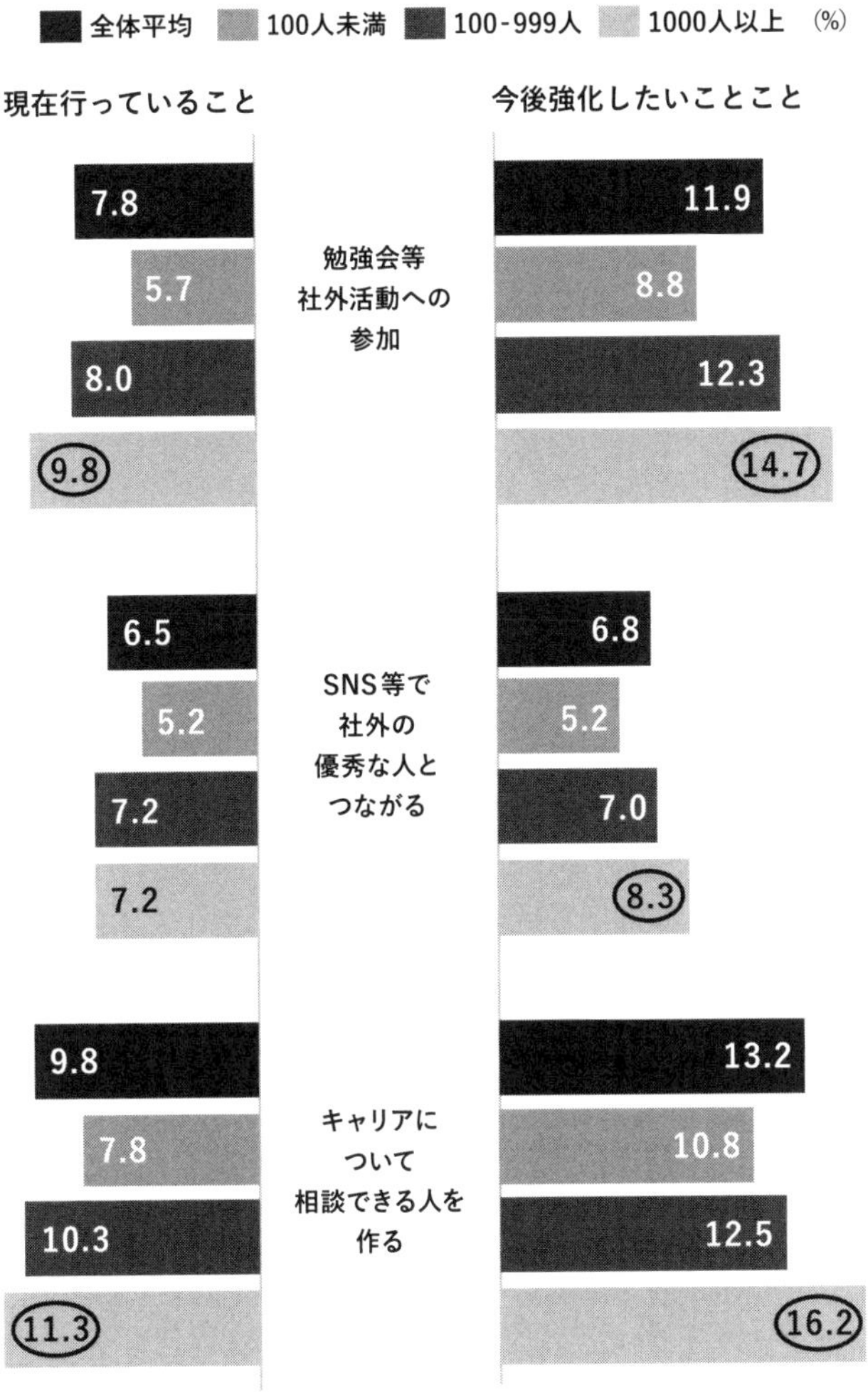

以下では、自身のキャリアを考える上で重要な3つの人脈について説明する。

●ロールモデル

「ロールモデル」というのは「お手本になる人」という意味だが（単なるお手本というよりも）、自身が成長するための「負荷をかけてくれる人」と理解してほしい。私にも何人かこのような人たちがいる。私の専門分野であるマーケティングやブランディングで成功した方々が多いが、お会いする度に刺激をもらい、少しでも近づけるように頑張ろうと思えるからだ。

一般的には、自分と同等または能力が下の人と会っている方が気分はいい。自分より優秀で、成功している人と会うとコンプレックスを感じるからだ。しかし、意識して自分より優秀な人と会うことは勉強になるだけでなく、良い意味でのプレッシャーを感じることで、成長の意欲を高めてくれる。

知り合いの伝手や、（断られてもいいので）思い切ってSNSを使って、自身の目標になるような人と知り合う機会を探してみてはどうだろうか。

●仕事やキャリアの相談ができる人

仕事の相談であれば同じ会社の先輩や上司がいいだろうが、中には社内の人に話しにくいこともあるだろう。その場合は、会社を辞めた元上司や先輩などに意見を聞くのがいいかもしれない。

もっと幅広く情報を取りたいのであれば、社外の勉強会やビジネススクールで仲良くなった人たちの話は参考になる。私が会社を辞める際には、私が事業として考えていたマーケティングコンサルタントの領域で活躍している方々に色々と意見を伺い、最終的に独立を決断した。(社内の人なら引き留めたかもしれないが)、社外の人たちの多くの方が背中を押してくれたことで、決断ができた。

●人生の相談ができる人

これを人脈と言っていいかわからないし、変身資産とはあまり関係がないかもしれないが、学生時代からの親友や、仕事等を通じて知り合った人生の師匠のような人たちのこと。特に古くからの友人は互いの性格もよくわかっていて、(仕事の内容とは関係なく)人生全般について背中を押してくれたり、時には止めてくれたりしてくれる貴重な存在である。

人脈作りの方法は人によって違うと思うが、私は、一回会った後に「もう一度会いたいと思ってもらえるかどうか」が重要だと思っている。そのために必要なのは、先ほども書いたコミュニケーション力だ（139ページ）。要は「聞く力」が大切で、自分のことだけを一方的に話す人にもう一度会いたいとは思わない。多弁な人ほど要注意である。

最初に会う時は会社の肩書も使えるが、その後は肩書と関係なく付き合える人を増やすことが重要である。会社の肩書だけを武器にしていたら、シニア社員になって権限がなくなった時に、（表面的には話を聞いてくれても）親身になって相談に乗ってくれる人はいなくなる。特に大企業に勤めている方ほど気をつけないといけない。頼まれごとをされた時は全力で手伝ったり、食事をする機会があればいいお店を選んで喜んでもらったりといった、サービス精神も重要である。

また、人脈づくりについてはＳＮＳも上手に活用すべきだと思う。私も毎日 Facebook はチェックしているが、ＳＮＳは毎日年賀状交換をしているようなものなので、特に人脈の維持には大変効果があるし、面識がなかった人とＳＮＳでつながり、リアルな友人関係になる場合もある。私もそんな友人が何人かいる。

心得⑭：情報感度の磨き方

20年前と較べると、ビジネス界の景色は様変わりしている。

Amazon の創業は１９９５年、Google は１９９８年、Facebook（現 Meta）は２００４年。20年前、これらのテック企業が世界の時価総額の上位を独占するとは、誰が思っただろうか。２００３年に創業したテスラが今や年間１００万台のＥＶを生産し、時価総額が既存の大手自動車会社の数倍になると誰が予想しただろうか。また、１９７９年に社会学者のエズラ・Ｆ・ヴォーゲルによる『ジャパン・アズ・ナンバーワン』が出版され、アメリカをも脅かすと言われた日本経済がこれほどまでに低迷すると予見した人は、どれほどいただろうか。

今後も時代の変化速度は加速度的に上がっていくだろうが、私は世界全体の変化を予測できるようになれと言っているわけではない。そんなことは所詮無理である。ただし、自身が働く業界のことや、自身の専門分野については一定の定見を持っていないといけないし、（自分自身に直接関係してくる）労働環境の変化についてもしっかり理解しておく必要がある。2025年から65歳定年が義務化されることや、現状の再雇用制度との違いをちゃんと理解していない人が結構いることは問題だと思う。

昔のサラリーマンは、自分が勤める会社のことがわかっていればなんとかなった。新聞もろくに読まずに偉くなった方々もたくさんいる。また、出世の如何に関わらず、会社はそれなりに面倒を見てくれた。しかしこれからはそんな優しい時代ではない。

今回の調査では、「情報収集について現在行っていること／今後強化したいこと（年齢別：グラフ21　175ページ、従業員数別：グラフ22　176ページ」について聞いてみた。

「現在行っていること」の中で最も多かったのは「新聞に毎日しっかり目を通す」で、全体の16・9％。年齢別では50代、従業員数1000人以上の大企業でやや高い傾向がある。ただし、「今後強化していきたい」と答えた率も含めて決して高いとは言えない。最近はネットでの情報収集が増えているが、社会全般の動きをおおまかに理解するには、新聞は依然として有用なメディアである。（私は紙の新聞を依然として購読しているが）デジタル版も含めて、新聞を読む習慣は是非つけておくべきだと思う。

「得意分野についてのバイブル的な書物がある」「得意分野について定期的に読む刊行物がある」については、現在行っている比率、今後強化したい比率ともに総じて低い数字にとどまっている。この点はやや寂しい気がした。私自身は将来の独立を考えていたこともあって熱心に取り組んでいたことだが、特に将来の転職や独立を考えている人ならば、得意分野の知識をアップデートすることは絶対に必要である。

「テクノロジー等の最新の情報には気を配っている」については、年代別、従業員数別のすべての区分で「今後強化したい」が「現在行っている」を上回っており、テクノロジーの進歩への危機感が窺えるが、絶対値としては決して高いレベルとは言えない。「財務諸表や語学等の勉強をしている」についても、年代別、従業員数別のすべての区分で「今後強化したい」が「現在行っている」を上回っているが、同じく絶対値は高いレベルではない。

サラリーマンが忙しいのは私もわかるが、個人的には情報収集にもっと力を入れるべきだと思う。日経新聞の広告で「365日分の差は大きい」というコピーがあったが、私もそう思う。問題意識を持って日々情報に触れている人とそうでない人では数年で大きな差が出る。

そして、単に情報を「知っている」というだけではなく、自身が仕事をしている業界、自分の専門分野に加えて、できれば世間で話題になっていることについて、「私はこう思っている」という定見を持つように努めてほしい。それができれば、周りの見る目が変わってくるはずだ。

グラフ21：情報収集について（年齢別）

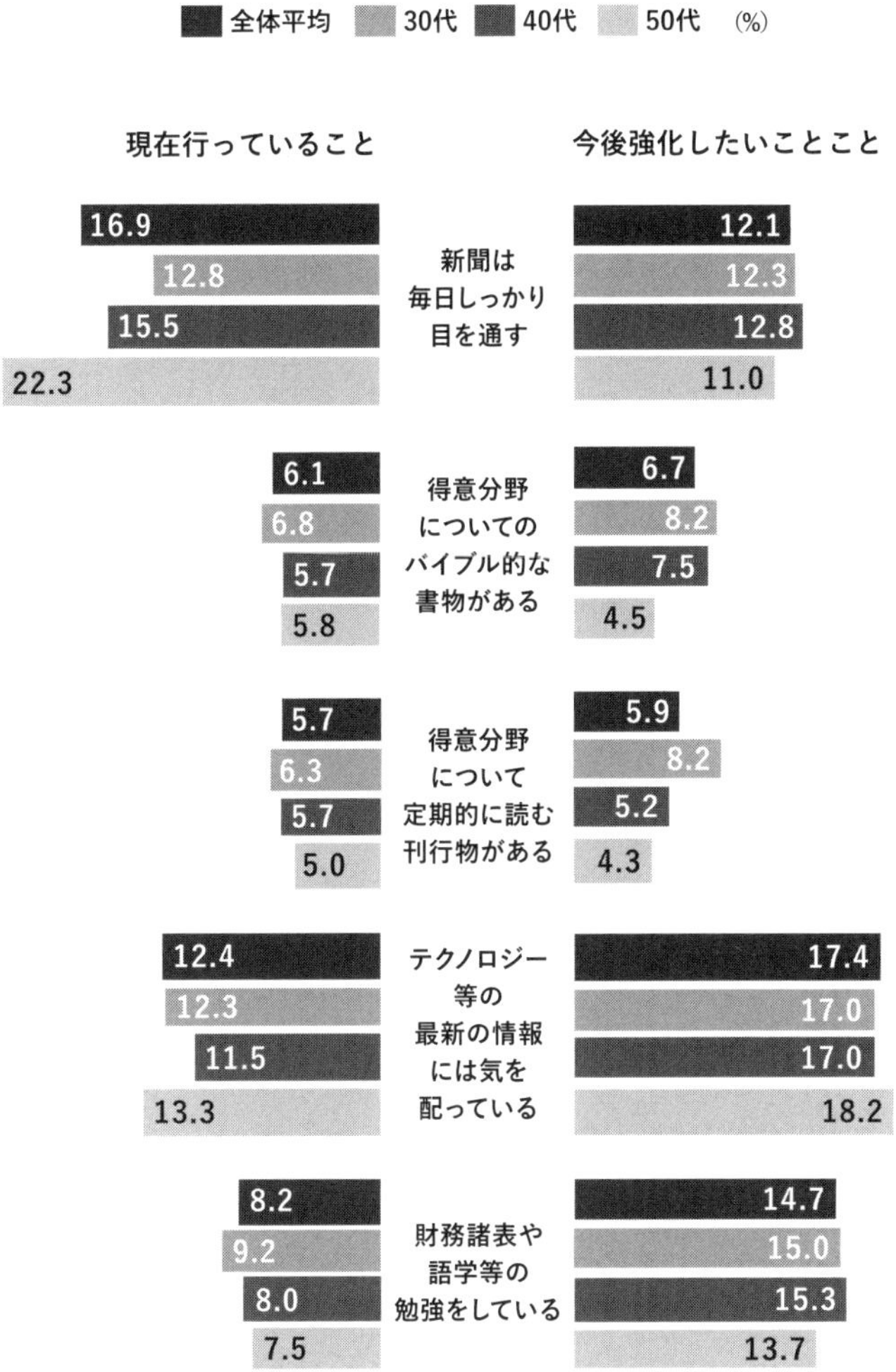
全体平均
30代
40代
50代
(%)
現在行っていること
今後強化したいこととこと
16.9
12.8
15.5
22.3
新聞は
毎日しっかり
目を通す
12.1
12.3
12.8
11.0
6.1
6.8
5.7
5.8
得意分野
についての
バイブル的な
書物がある
6.7
8.2
7.5
4.5
5.7
6.3
5.7
5.0
得意分野
について
定期的に読む
刊行物がある
5.9
8.2
5.2
4.3
12.4
12.3
11.5
13.3
テクノロジー
等の
最新の情報
には気を
配っている
17.4
17.0
17.0
18.2
8.2
9.2
8.0
7.5
財務諸表や
語学等の
勉強をしている
14.7
15.0
15.3
13.7

グラフ 22：情報収集について（従業員数別）

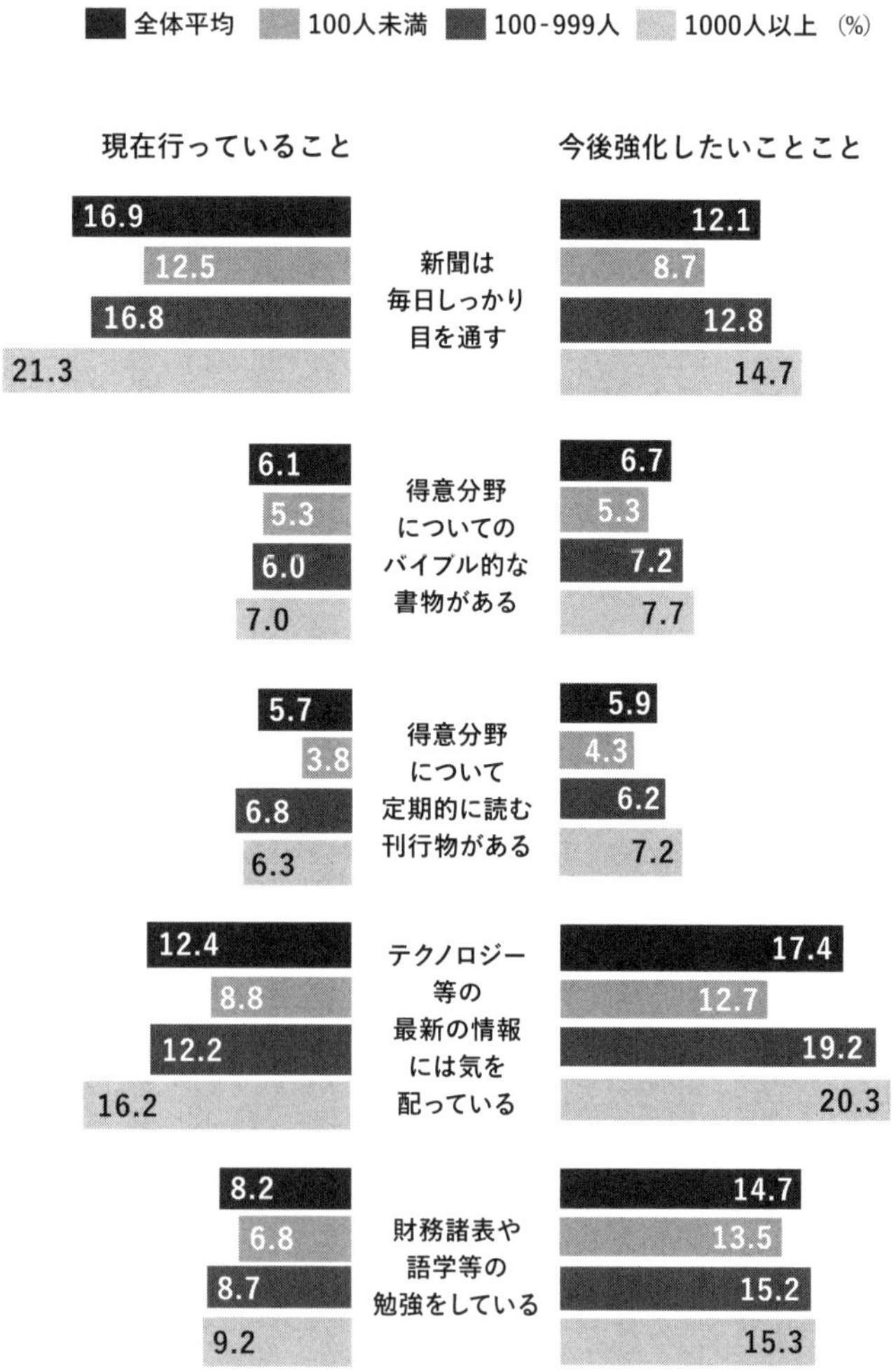

■ 全体平均　■ 100人未満　■ 100-999人　■ 1000人以上　（%）

現在行っていること　　　今後強化したいことこと

新聞は毎日しっかり目を通す
	現在行っていること	今後強化したいことこと
全体平均	16.9	12.1
100人未満	12.5	8.7
100-999人	16.8	12.8
1000人以上	21.3	14.7

得意分野についてのバイブル的な書物がある
	現在行っていること	今後強化したいことこと
全体平均	6.1	6.7
100人未満	5.3	5.3
100-999人	6.0	7.2
1000人以上	7.0	7.7

得意分野について定期的に読む刊行物がある
	現在行っていること	今後強化したいことこと
全体平均	5.7	5.9
100人未満	3.8	4.3
100-999人	6.8	6.2
1000人以上	6.3	7.2

テクノロジー等の最新の情報には気を配っている
	現在行っていること	今後強化したいことこと
全体平均	12.4	17.4
100人未満	8.8	12.7
100-999人	12.2	19.2
1000人以上	16.2	20.3

財務諸表や語学等の勉強をしている
	現在行っていること	今後強化したいことこと
全体平均	8.2	14.7
100人未満	6.8	13.5
100-999人	8.7	15.2
1000人以上	9.2	15.3

以下では、私自身の経験をふまえた情報収集方法の一例を紹介する。やみくもに情報収集するよりも、視点を決めて行った方が効率的にできるはずだ。

●自業界や専門分野の関連情報

前職時代の私を例にとれば、自動車会社のマーケティング部門（宣伝、商品企画）の部署にいたので、「自業界」は自動車業界、「担当業務」はマーケティングということになる。

前者は、競合社の新商品情報や販売台数等の情報、業界全体で起こっている特記的な出来事（今で言えば、ＥＶや自動運転に関する各社の動向、脱炭素に向けた各国の取組み）などが対象になり、後者のマーケティングについていえば、マーケティング全般の基礎的な知識を身に付けた上で、他業界の事例やデジタルを中心とした新しいマーケティングの潮流を定期刊行物やネット記事でウオッチすることである。

●一般的な情報収集

時間の制約がある中で、自業界や自身の専門分野に直接関係のない情報の収集は効率的に行わなければならない。具体的には、以下の4つの軸で自分なりに情報を集めることを心がけてほしい。現代の社会変化はすべてこの4項目に集約できると考えられるからである。そして、この4項目について自分なりの定見が話せるようになると、周囲から一目置かれる存在になるだろう。

①DX（デジタルトランスフォーメーション）
②環境問題、脱炭素化
③人口減少、高齢化（特に日本国内）
③グローバル化（特に中国と米国の動向）

毎日情報収集の時間を確保するのが難しい場合は、休日にまとめて時間を確保するのもいいだろう。

まずは1年間頑張ってやることだ。ソースは日経新聞（含むデジタル版）が依然として有効だと思うし、NewsPicksのようなキュレーションサイトで、有識者の意見も併せて読むと多面的な理解ができる。

情報力を高めることは人脈形成にも大いに役立つ。色んな知識や新しい情報を知っている人と話すと楽しいし、「また会いたい」と思ってもらえるからだ。

心得⑮：デジタル弱者に居場所はない

新型コロナの流行により、リモートワークが急速に普及した。ミドル、シニア社員もデジタルスキルの重要性を再認識したはずだ。私が会社に入った１９８０年代は、携帯電話もメールもなかった。忙しい部署は固定電話がいつもガンガン鳴っていて、「新人の役割は誰よりも早く電話を取ることだ」と先輩社員から言われたことを思い出す。

書類はもちろん手書き。部長や役員に説明する資料は一般職の女性社員に清書してもらっていた。メールがないので書類はファックスで送っていた。

１９９０年代の後半頃からＰＣが支給されるようになり、携帯電話も普及してデジタル化が急速に進み始めたが、我々の世代には未だ、パワポの資料が自分で作れない人もいる。今の30代後半から40代の人たちは私の世代よりデジタルツールには慣れているとは思うが、これからは、1995年以降に生まれたデジタルネイティブなZ世代と一緒に仕事をしなければならない。

会社でもSlackやChatworkなどのビジネスチャットツールを使うケースが増えている。今後はメールではなくSNSで仕事を進めていく時代になり、仕事のやり方も大きく変わっていくと思う。

トヨタの子会社に「ウーブン・プラネット・ホールディングス」という会社がある。自動運転技術の開発やトヨタが静岡県裾野市で建設する実験都市（Woven City）の企画、運営もこの会社が行っている。CEOがGoogle出身のアメリカ人ということもあり、仕事のやり方が従来のトヨタ式とは全く違う。情報共有、議論、意思決定の多くがSlack上で行われ、業務のスピードが桁違いに速い。今後も多くの会社で同じようなことが起こるはずだ。

これからの会社では、デジタルスキルのない人は生き残れない。（今の30代の方にはほぼいないと思うが）40代の人の中には、エクセルの計算やパワーポイントの資料は苦手という人もいるかもしれない。それは昔なら「そろばんもできず、漢字も苦手」というのと同じぐらい、「ヤバい」と思った方がいい。

55歳前後の役職定年から65歳定年までの10年間、さらに言えば70歳まで働いた場合の15年間は、部下もいなくなり、若い人たちと一緒に仕事をしなければならない。「デジタルは苦手」などという言い訳は通じない。それは転職しようが独立しようが同じである。

◆サラリーマンにも五分の魂

日本的雇用の主な要素に「終身雇用制」と「年功序列賃金」があるが、これは社員が会社に一方的に守ってもらっていた制度ではない。

若い頃は安い給料でもサービス残業も厭わず働いて会社に貢献（＝会社への貸し）し、ある年齢になると働き以上の給料をもらって、「会社への貸し」を返してもらうことで成り立っていたのだ。多くの企業は成長していたので、社員、会社の双方にメリットがあるハッピーな制度だったとも言える。

しかし、既に多くの人が自覚している通り、そんなハッピーな時代は終わった。失われた30年の中で給料は上がらず、昇給率も下がっている中で、将来のリターンを期待してサービス残業をしようという人などいないだろう。

一方、会社で働くこと自体には今でもいいことはたくさんある。「今どきはひとつの会社にずっといるのはダメ」とか、「会社員よりも起業家が偉い」というのは偏った考え方だと思う。欧米でも同じ会社で働き続ける人は結構いる。

要は（転職しても、しなくても）、会社との向き合い方を自身で考え、ステージ毎にその働き方を変えていくべきなのだ。「働き方」というのは、組織の中での「自分自身の生かされ方」である。そのためにはどのような役割を担うべきか、これからは自身でプロデュースしていく時代になっていくのだ。

「サラリーマンにも五分の魂」

これは、31年間サラリーマンをやってきた私が自分自身で考えた言葉である。

サラリーマンは会社の歯車だという人もいるが、ひとつの歯車が壊れたら自動車だって動かない。歯車なりに考えて、会社をちゃんと走らせるような存在＝「個の力のある歯車」でありたいと思ってやってきたつもりである。

メンバーシップ型からジョブ型に徐々に変化していくと、「個の力」を重視する傾向が確実に高まっていくだろう。これは若い人もシニア社員も同じである。しかし、年齢を重ねると時代の変化に対応した「個の力」を持ち続けることは簡単ではない。そのためにも変身資産は絶対に必要なのだ。

第6章
自分らしく勝つために

サラリーマンとして生き残るための能力として、第4章では生産性資産について、第5章では変身資産について説明した。

しかし、ほとんどのサラリーマンに、45歳前後の出世の限界という「壁」、55歳前後の役職定年という「谷」は訪れる。そして、人間としての本当の価値が試されるのは、その後の残された社会人人生をどう生きるかにかかっていると私は思う。

最終章である本章では、第1章で紹介した「社内再活躍型」「副業両立型」「シニア転職型」「シニア独立型」の4つのキャリアシナリオについて、より具体的に説明していく。

◆その1　社内再活躍型〜社内で居場所を確保する〜

今回の調査で、「あなたの会社の定年はいくつですか（グラフ23　188ページ）」と聞いたところ、全体平均では、「60歳（再雇用制度なし）」が8・3％、「60歳（定年で再雇用制度あり）」が61・1％、「60歳以上定年」が20・9％、「その他」が9・7％となった。特に従業員が

１００人以上になると約7割の会社が60歳で一旦定年となり、その後は給与レベルを下げて再雇用するという形式を取っている。

しかし２０２５年以降は、現在再雇用制度のない会社も含めて、（定年制度を導入している）すべての企業で65歳定年が義務化となる。

また、「60歳以降はいつまで働きたいですか（グラフ24　１８９ページ）」という質問をしたところ、全体平均では「60歳以降も会社規則上限まで勤めたい」が41・０％、「60歳以降も働きたいが上限年齢前に辞めたい」が21・５％となっており、合計すると６割以上の人が60歳以降も同じ会社でそのまま働く意向があることがわかった。この数字は65歳定年制が義務化されるとより高まるだろう。

グラフ 23：あなたの会社の定年はいくつですか

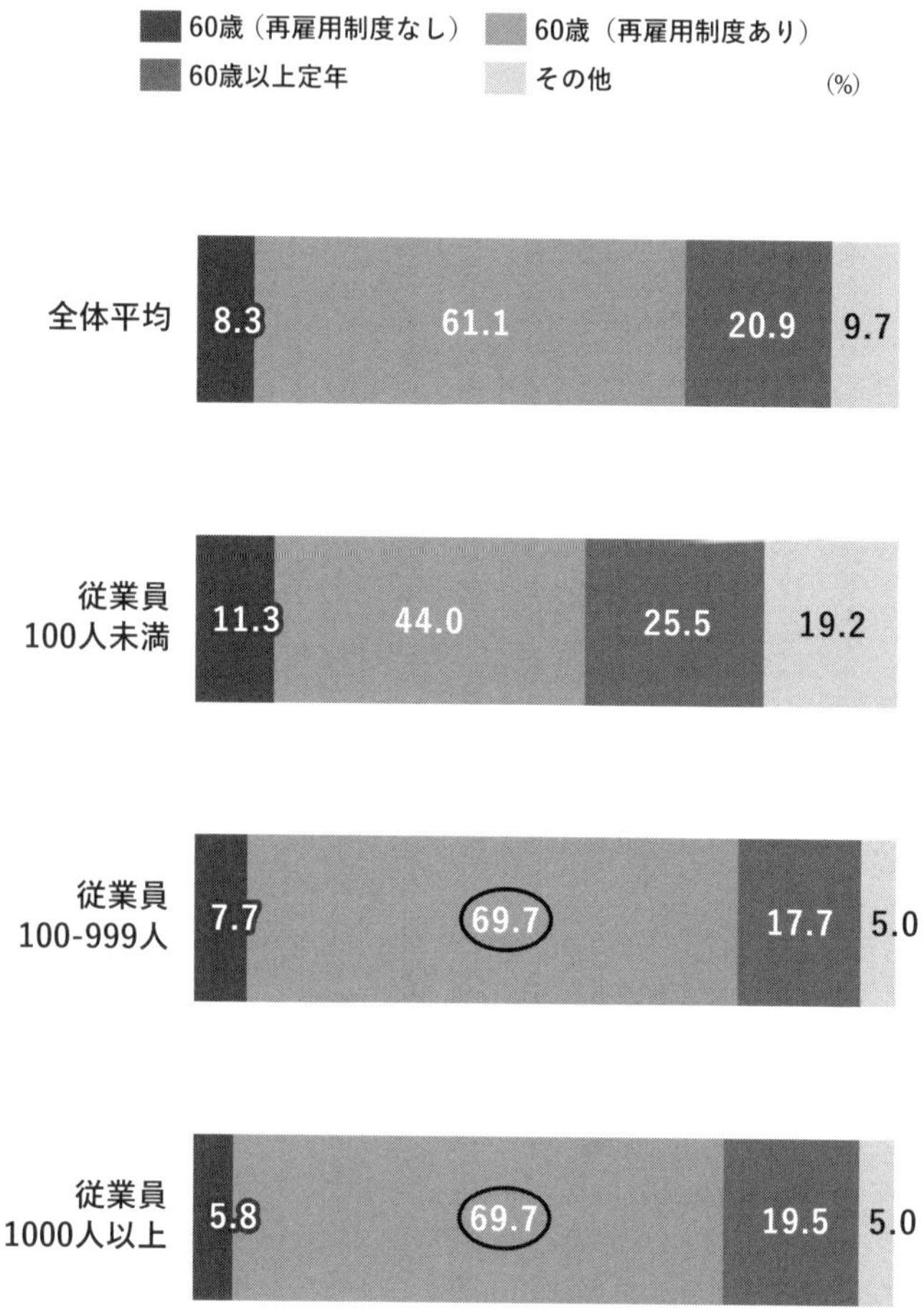

グラフ 24：60歳以降はいつまで働きたいですか

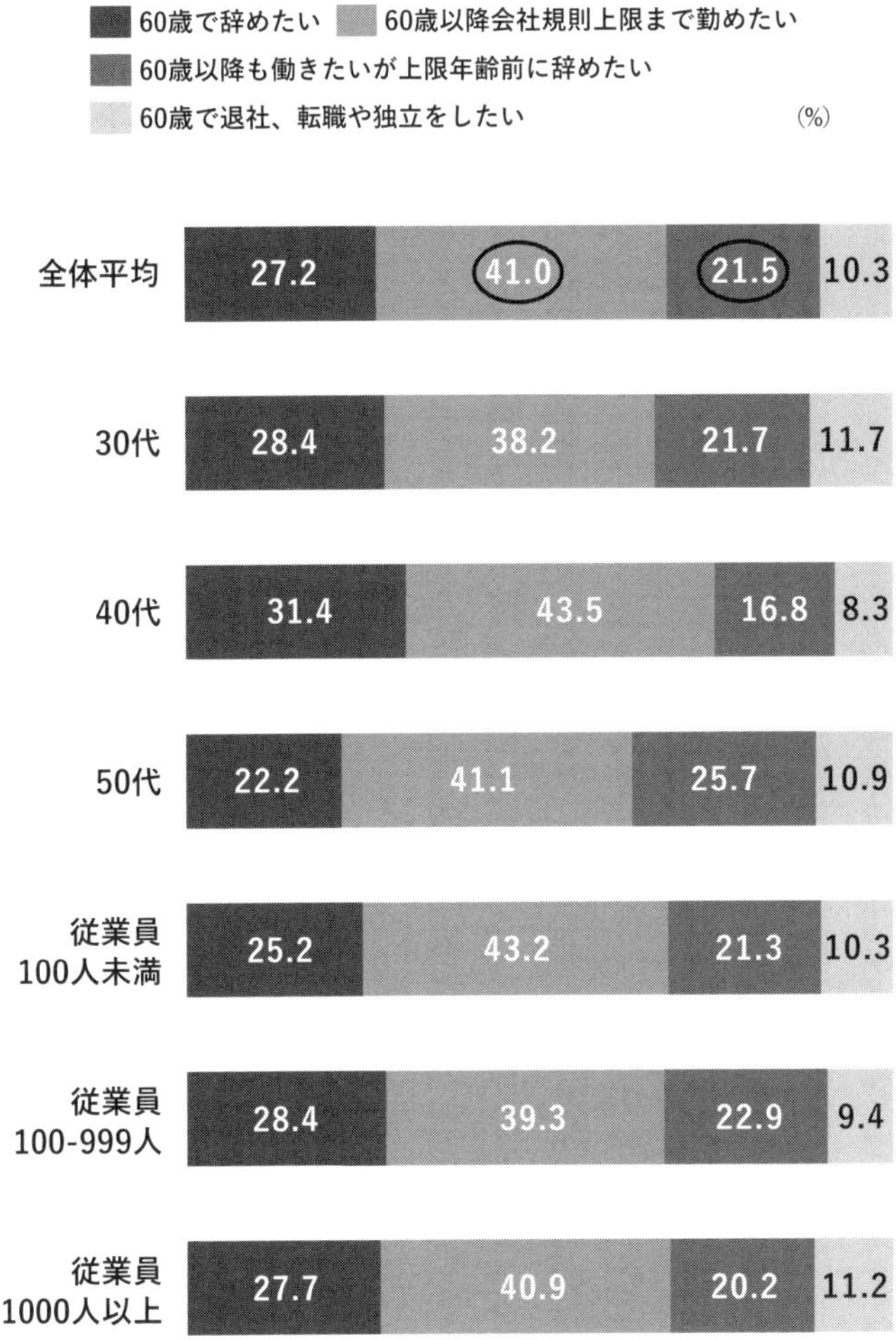

一方、問題は、どのような形で65歳まで「正社員」に見合った価値を会社に提供し、自身もやりがいを持って働くのかである。

これからのシニア社員の活躍には、次の2つのタイプがあると思う。「スペシャリスト型」と「サポーター型」である。スペシャリスト型は、今まで蓄積した専門性を生かして会社に貢献していくタイプ。サポーター型は今までの経験を生かして、年下の上司や若手社員をサポートするタイプである。以下ではその具体的なイメージを説明していく。

①スペシャリスト型

スペシャリスト型シニアの頂点と言える人は、2002年にノーベル化学賞を受賞された田中耕一さんだろう。田中さんは現在63歳で、島津製作所のシニアフェローとして活躍されている。フェローというのは「研究員」という意味だが、最近は企業でも、役職定年を迎えた優秀な技術者にフェローという役職を与えるケースが増えてきた。

田中さんは特別な例としても、特定の分野に秀でたスペシャリストは、シニアになっても活躍できる可能性が高い人たちである。技術系だけでなく、経理のプロ、人事のプロ、ITのプロ、営業のプロ、新規事業のプロといった方々もいるだろう。

管理職時代には現場から離れていた方々が再度現場に戻り、特定の仕事を請け負って働くのは素敵なことだと思う。役職定年を迎えたシニア社員だけでチームを作り、あるプロジェクトを担当させたところ、本人たちのやる気も上がり、成功したという話をネット記事で読んだことがある。

私自身は54歳で会社を辞めてしまったが、仮に60歳になった今も会社に残っていたら、新商品のコンセプト作りや、新発売キャンペーンの企画を担当者としてやってみたいと思う。商品企画と宣伝の分野ではまだまだ若手に負けない自信もあるからだ。

②サポーター型

●若手をサポートする

シニア社員にまずサポートしてほしい相手は若手社員であるが、序章で紹介したアンケートでの罵詈雑言的コメントを見ても、現在のシニア社員の多くはそれができていないことがわかる。以下では若手をサポートする上で重要なことを整理していく。

注意すべきことは、若手社員から相談された時の対応の仕方である。まずは若手の話を徹底的に聞く。第5章で説明した「聞く力」を使うのである。相手の話を途中で遮り、自分の意見を押し付けるようなことをしてはいけない。仮に意見を聞かれても「こうするに決まっている」などと断定的に答えるのもダメである。

自分が若かった頃を思い出しても、一生懸命考えてきたことを事情に詳しくない先輩社員や上司に頭から否定されて、腹が立ったことがある。同じ経験をした人も多いだろう。

相談に来る人は既に自分なりの考えを持っていて、それを確認したい場合が多い。例えば、交際相手と別れたいと考えて誰かに相談する時には、別れる気持ちは既に固まっていて、自分なりに納得したいから第三者に確認するという場合が多いだろう。

とにかく相手の話をよく聞きつつ、キーワードを会話の中から発見して、それを引用しながら簡潔に返事を返す。そして、自身の意見を聞かれたら、最後に簡潔に伝えることを心がける。テニスで言えば「壁打ちの壁」になる気持ちが大事だ。

本当に間違っていると思った時はそう言えばいいが、それも決して強制してはいけない。そして話は極力簡潔に、特に昔話、自慢話はしない。もし、過去に自分が手がけた仕事が参考になるなら、わかりやすく説明し、その時の資料を後で渡すといいだろう。

このように若手に接していると、そのうち「本当に助けてください」という切羽詰まった相談も来るだろう。その際は全力で助けてあげればいい。若手からの相談の中には、社内他部署や取引先との間を取り持ってほしいという類のものもある。これこそシニア社員の役割のど真ん中であり、自分の仕事を一旦止めてでも助けてあげるべき相談案件だ。

●上司をサポートする

役職定年以降は、年下の上司の下で働くケースがほとんどになる。中には元部下が上司になるケースもある。そんな時に先輩風を吹かせて偉そうな言い方をしたり、上司の若い頃の話を持ち出して、他のメンバーに悪口を言ったりするのは言語道断で、本人の品格が疑われる。

上司からアドバイスを求められれば、「自分ならこう考える」と素直に答えればいいが、その際にも自分の考え方を押しつけないことが重要だ。

そして、シニア社員の役割で大きいのは、上司とその他の社員のつなぎ役になることである。他の部下たちが直接上司に言えないことをうまく伝えてあげることは、年上部下だからこそできる役割である。個々の仕事のこと以外にも、職場環境の改善など小さなことでも構わない。上司によっては、先輩に気を使って言いたいことを言わない場合もあるだろうが、それに甘えてはいけない。月に一回程度は個別で上司と面談する時間を確保し、上司が困っている問題を率先して請け負うのもいいだろう。かつての役職や入社年次へのこだわりを捨てて、裏方としてチームをまとめられればあなたの存在感はより高まるはずである。

以上、スペシャリスト型、サポーター型の2つのタイプについて説明したが、どちらか二者択一というより、両者をうまく組み合わせて、自分なりのシニア社員像を作っていけばいいと思う。

シニア社員の働き方や生き方について、大変参考になる映画がある。ロバート・デ・ニーロとアン・ハサウェイが出演している『マイ・インターン』（２０１５年公開）という作品である。電話帳会社の部長を退職後、リタイア生活を送っていたベン（ロバート・デ・ニーロ）は、ネット系アパレル会社のシニアインターンに応募して、社長であるジュールズ（アン・ハサウェイ）の下で働くことになる。最初はジュールズに相手にもされなかったが、優れた人間力によって若い社員からも愛される存在になり、仕事とプライベートの狭間で悩むジュールズ自身の人生にとって、不可欠な存在になっていくという話である。

ベンが苦手なＩＴ機器の勉強もしながら、若者に対して決して威張らず、真摯かつ楽しく接する姿には、本当に共感が持てる。自分も70歳になったら、ベンのような人物になりたいと思った。私は5回以上見たが、皆さんにも是非見ていただきたいと思う。

◆その2　副業両立型～これから増える副業に挑戦～

最近は副業を認める会社も増えてきた。今回の調査で、「あなたの会社では副業を認められていますか（グラフ25　197ページ）」という質問をしたところ、「既に認められている」は16・4％とまだ少ないが、「（現在は認められていないが）導入検討がされている（19・2％）」も加えると35・6％となっている。今後は副業を認める会社は増えていくだろう。

私自身は、副業を禁止すること自体がおかしいと思う。日本以外の国では副業を禁止している会社などほとんどない。社員と会社は「労働の対価として報酬を払う」という対等な契約関係にあるのだから、しっかり働いてさえいれば、副業を禁止される理由などないはずだ。今後ジョブ型雇用になると、副業を禁止する理由は更になくなる。

「あなたは副業をやっていますか（グラフ26　198ページ）」という質問に対しては、「既にやっている」は3・9％にとどまっているが、「今はやっていないがやる気はある」という人は43・7％もいることがわかった。そして、副業と言えば若い社員のイメージがあるが、50代でも37・7％が「今はやっていないがやる気はある」と答えていることは注目に値する。シニア社員こそ副業をやる意味があると思うからだ。

グラフ 25：あなたの会社は副業が認められていますか

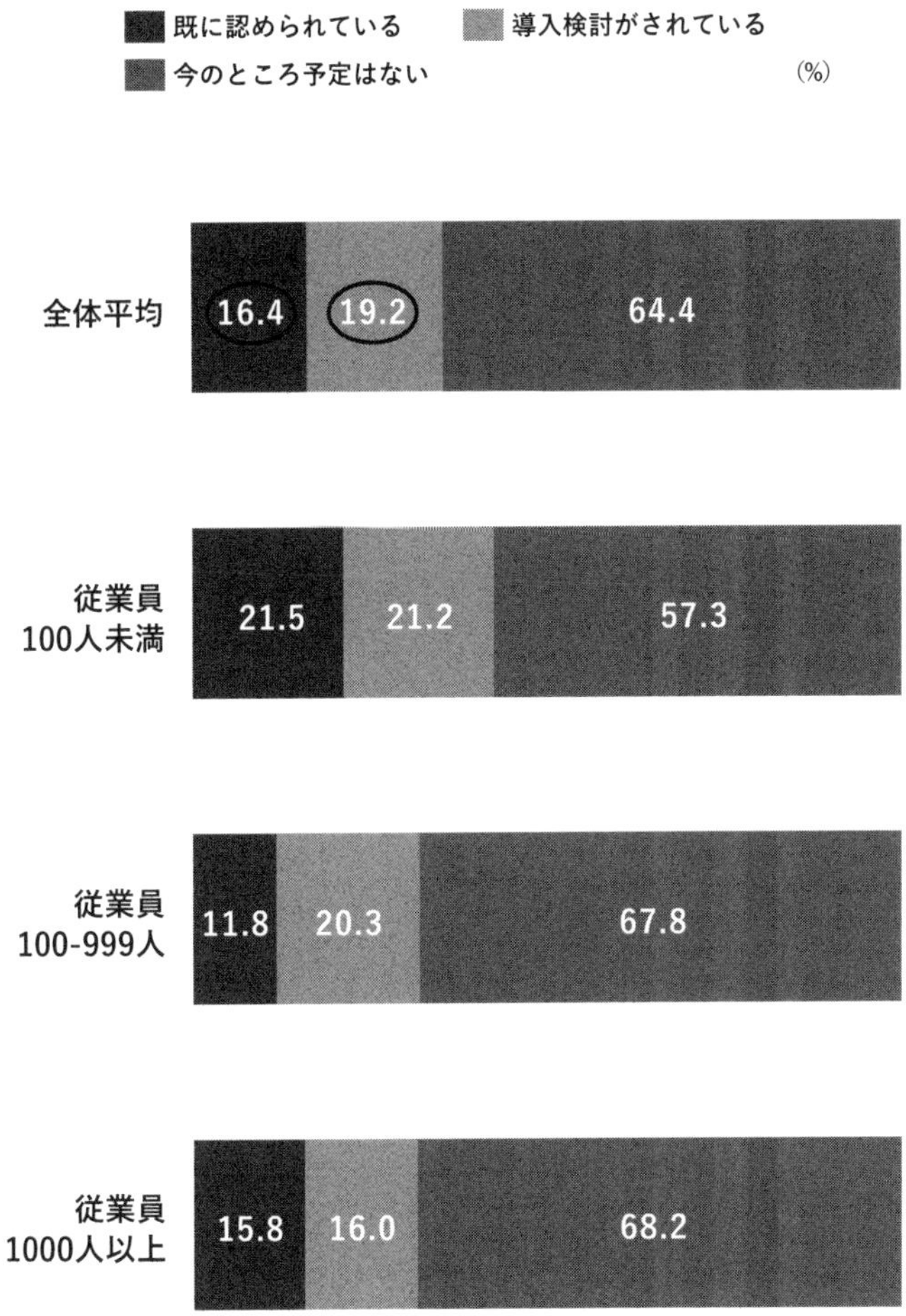

グラフ 26：あなたは副業をやっていますか

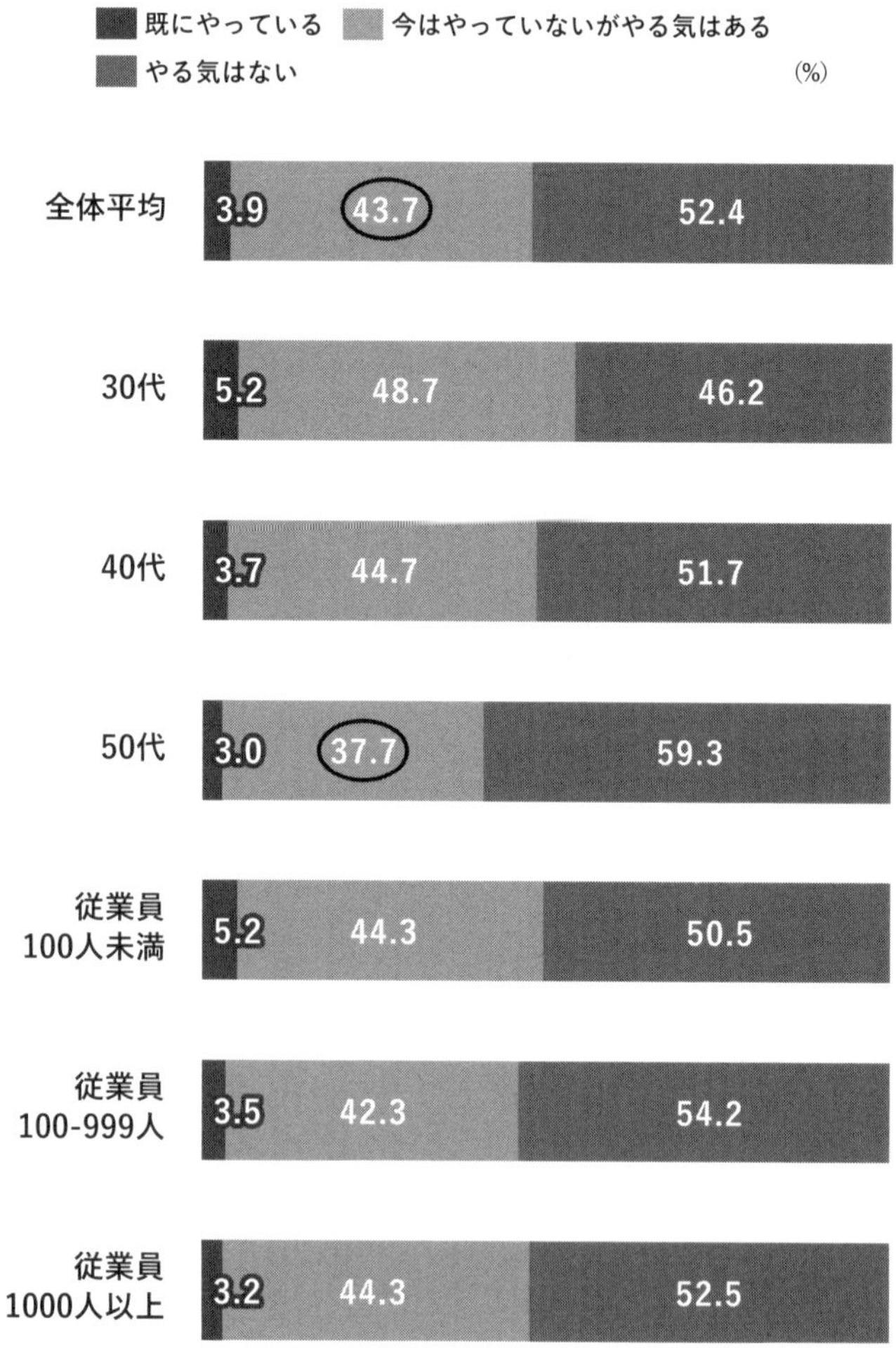

個人的には、シニア社員の方が副業に向いていると思う。若い社員は会社のノウハウを吸収することも含めて本業に集中し、着実に生産性資産を蓄積する方がいいと思う。もちろん、他社で武者修行をすることは良い面もあるが、本業の仕事を十分にできていない人が副業をやっても仕事力が高まるとは思えないからだ。

一方、シニア社員にとっての副業は、今まで会社で身に付けた生産性資産を社外で活用するチャンスである。社内では普通のことでも、外に出ると重宝されることもある。例えば、大企業の管理部門の経験がある人に助けてもらいたいベンチャー企業は多いと思う。ベンチャー企業の弱点である人事、総務系の課題を整理し、具体的な提案をしてあげると喜ばれるだろう。また、ある会社で商品企画の経験のある人が、他社の商品を企画すると、思いもよらないアイデアが出てくることもある。

私がトヨタ自動車時代に、異業種の商品企画部同士で集まって、お互いに他社の商品アイデアを考えるという試みをしたことがあるが、業界の常識にとらわれないアイデアが多く出てきて大きな刺激を受けたことを思い出す。

最近では「タレントシェアリング」という考え方が広まりつつある。個人の才能を社会で共有するという考え方だ。私はこの考え方に大賛成である。
2022年の7月に総合人材サービス会社のパーソルキャリアが「HiPro Direct」というサービスを立ち上げた。企業側が求める業務要件と登録者のスキルをマッチングさせて、最短1日から業務を請け負う仕組みだが、まさに「傭兵」である。このような制度はシニア社員に格好の機会を提供してくれる。シニア社員の経験や知見を活かせる場所は社外にもたくさんあるし、それを一社が独占せずに、社会でシェアすることは大変に良いことだと思う。

社内再活躍型も副業両立型も、自身の生産性資産を生かすという点は共通しているが、副業両立型の場合は、自分自身が学ぶという意味も付加される。他社での仕事を通じて、新しい情報や考え方に触れることは自身の成長にもつながる。

副業で一定の成果を出せるようになると、65歳の定年後は雇用延長を断り、その後はフリーランスとして様々な会社と個別契約をして仕事を続けていく道も開けてくる。

以上の「社内再活躍型」と「副業両立型」は、会社に残る場合のキャリアシナリオである。

そして以下では会社を離れるシナリオ（シニア転職型、シニア独立型）について説明していく。
今回の調査では、「今の会社を辞めた場合、やりたいことは何ですか（グラフ27　203ページ）」と聞いてみた。全体平均の結果は以下の通りだった。

1位：同業種、同職種への転職（34・8％）
2位：全く違った業種、職種への転職（28・3％）
3位：仕事を辞めて引退したい（23・8％）
4位：異業種、同職種への転職（23・7％）
5位：個人事業主として働きたい（11・1％）
6位：今より小さな会社や地方の企業で自分の力を試したい（10・5％）
7位：起業したい（8・6％）
8位：NPO、NGO法人で働きたい（5・0％）
9位：その他（2・2％）

「引退したい」以外は年代別に大きな違いはなく、多くの方が他企業への転職、次が独立（個人事業主、企業)、一部の方が「NPO、NGO法人で働きたい」と答えている。以下ではシニアの転職や独立について説明していく。

グラフ27：今の会社を辞めた場合、やりたいことは何ですか

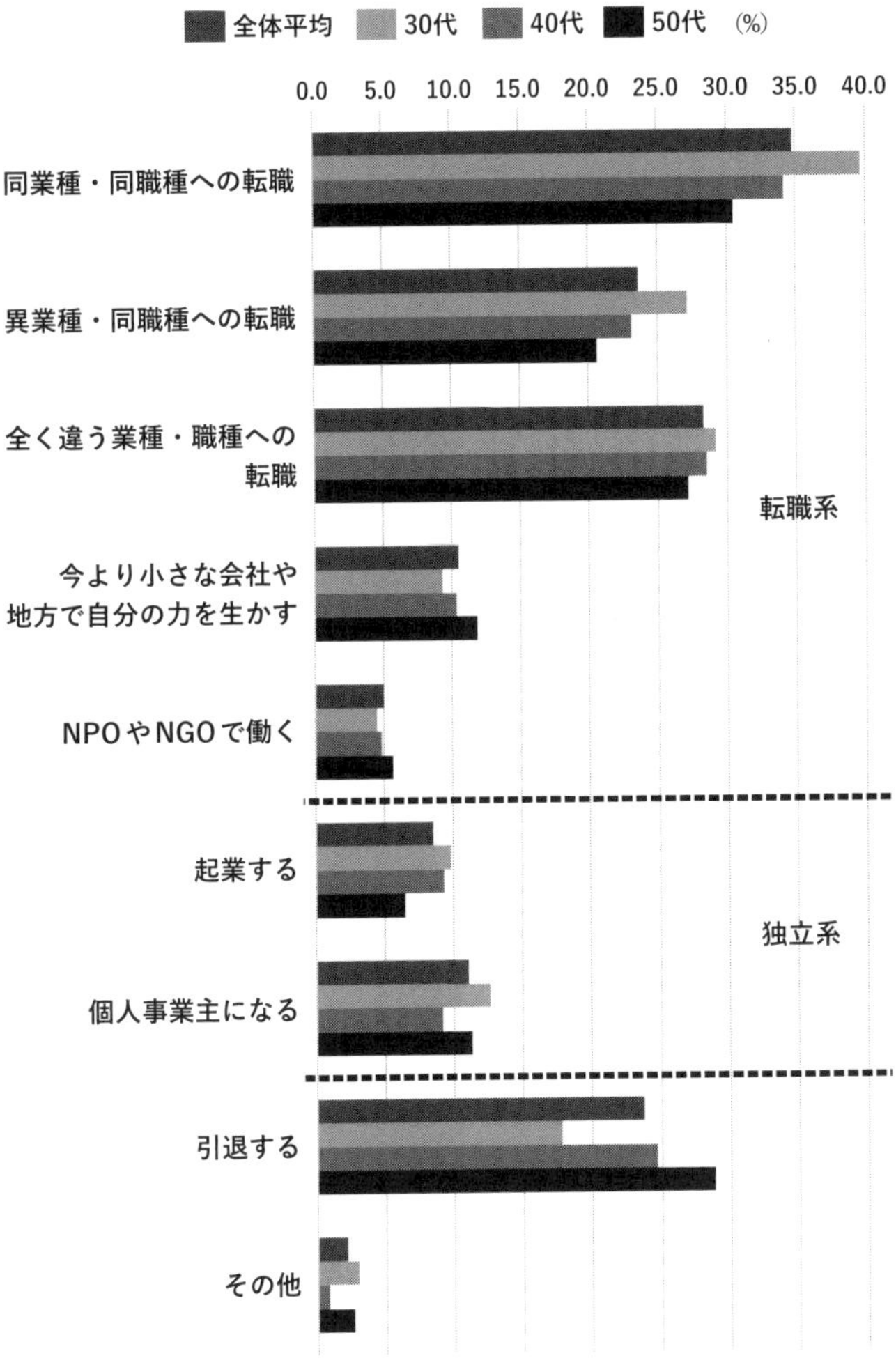

◆その3　シニア転職型〜収入よりやりがい重視の転身〜

既述の通り、シニアの転職は容易ではない。経営のノウハウを身に付けて企業のトップを渡り歩くようなプロ経営者と言われるような人や、特定領域のエキスパートは別だが、一般的にはシニアが転職して収入増となるケースは、ほとんどないと言っていい。

最近私の知人（50代前半、有名企業の管理職）がテレビCMを流している転職紹介会社に登録したら、条件のいい紹介メールが何通も来たと言うので、私の知り合いのヘッドハンターに意見を聞いたことがある。その人が開口一番「私が直接会ってみます」と言うので、良い転職先を紹介してくれるのかと思ったら、「転職など考えないで会社に残るように全力で説得します」とのことだった。

50歳を超えていても、転職サイトに登録すれば紹介自体は来る。ただしそれは条件が少しでも合っている登録者にメールを一斉送信しているだけで、50歳を過ぎた管理職を希望条件で雇用する会社などほぼない。

同じヘッドハンターが教えてくれた中で、特に残念だった例は、大手都市銀行の部長が早期退職制度に応募、退職してから転職先の相談に来たケースである。全く行先が見つからず、ご本人は早まった決断を大変後悔していたそうだ。最近は女性管理職を探している会社は多いので、女性なら多少可能性が高いかもしれないが、やはり50歳を超えると厳しいだろう。

可能性があるとすれば、知り合いのコネを頼って転職する方法である。ただし、知り合いといっても高い人件費を払う以上、働きが評価されないといつまでも面倒を見てくれるとは限らない。会社員時代の取引先企業のオーナーに請われて転職する場合でも、一緒に仕事をしてみると意見が合わなくなり、結局辞めてしまう場合もよくある。

転職前に仕事の内容や自身への期待をよくすり合わせ、転職後は「話が違う」と思っても、多少のことは我慢しないといけない。

一方、私が今回の調査結果（グラフ27　203ページ）で注目したのは、「今より小さな会社や地方の企業で自分の力を試したい」「NPO、NGO法人で働きたい」と答えた人が少なからずいたことである。実は最近私の友人でこれらの選択をした人がいた。二人とも誰もが知っている大企業に長年勤務した50代半ばの人である。

1人目は、医療系ベンチャー企業へ転職した例。医療系ベンチャーといっても創薬系ではなく、高齢医者に向けたリモート診療を推進しようとしている会社である。医師の人たちが中心となって起業した会社で、主に企画、営業部門で活躍した私の友人の力が期待されて入社した。年収は下がっても、自分の経験を社会の役に立てたいと考えて決断したそうだ。

2人目は、有名な「国境なき医師団」へ転職した例である。この人は会社生活の多くを発展途上国での駐在で過ごした経験があり、残りの人生を貧しい人たちを助ける仕事に使いたいと考えて決断した。赴任地は危険な紛争地域なので家族の反対はあったが、「最後のわがままだ」と言って頼み込み、認めてもらったとのことだった。

大企業で働いていた人が中小企業で今までの経験を生かすという道は、最近徐々に一般化してきた。2018年に銀行の人材紹介事業への参入が認められたことで、地方銀行が転職を希望する大企業社員と地域企業の橋渡しをする流れもでき始めている。地方銀行にとって地域経済の活性化は死活問題だからだ。

中小企業の場合は、経理や人事といった管理部門が整備されていないケースが多いので、金融機関や大企業の管理部門にいた人へのニーズも高い。地方出身の人であれば出身地で転職先を探すという手もあるし、都市部にある家を賃貸に出して、夫婦で数年間の地方暮らしも悪くないだろう。そこが気に入れば退職後に移住するという選択肢もある。

収入面では、特にＮＰＯ、ＮＧＯ等の非営利団体で働く場合はあまり期待できない。年収は２００万円から高くても５００万円ぐらいだろう。大企業から地方の中小企業への転職についても、年収が大きく下がることは覚悟しなければいけない。

ただし、自分の能力を誰かの役に立てたいと思う人にとっては、有力な選択肢になるだろう。最近は多額の早期退職奨励金を出す企業もあるし、特に両親からの相続などで経済環境に恵まれた人は考えていい選択肢だと思う。

なお、念のために大企業で働いていた人が中小企業やＮＰＯ、ＮＧＯに転職する際に気をつけるべきことを書いておく。それは「絶対に上から目線にならない」ことだ。

中小企業向けコンサルタント会社の経営者と話をしていたら、大企業で偉かった人ほど、前職時代の話を持ち出しては、「○○銀行ではこうだった」「○○商事ではこうだった」と上から目線の発言が多く、現場の社員が付いてこなくなると言われていた。「○○ではこうだった」を連発する人を「出羽の神」と呼ぶらしいが、小さな組織ではそのような悪評はすぐにトップにも伝わる。社員の呼称も「呼び捨て」や「君付け」ではなく、新入社員も含めて「さん」に統一した方がいい。

◆その4　シニア独立型～サラリーマンから個人事業主に～

最後は、組織を離れて独立するという選択肢である。私自身はこのケースに該当する。拙著『会社を50代で辞めて勝つ！』は、私自身の実体験を基にシニア社員が会社を辞め、個人事業主として働くためのノウハウをまとめた本である。

その中でも書いたが、シニア独立にはリスクがあることは覚悟しておかないといけない。退職金を注ぎ込んで事業を起こして失敗してしまうと大変なことになる。若者は失敗しても挽回する時間があるが、シニアにはそれがないからだ。

退職金を注ぎ込んだ飲食店が失敗して老後の資金を失った人や、友人と一緒に起業したが倒産して、再就職先も見つからないというような話は山ほどある。

まずは、同じような環境で独立した人に相談するのがいい。成功している人だけでなく、苦労している人の意見を聞くのもいいだろう。自分のことを知っている人なら、あなたが独立してやっていけそうか、どのような準備をしたらいいか等、色々とアドバイスをくれるはずだ。

私もそうだったが、サラリーマンが独立すると、最初はかなり戸惑う。**個人事業主と会社は何が違うのか、どのような手続きをすればいいのか。売上管理や税金の支払いはどうすればいいのか。サラリーマンは意外なほど世間知らずである。**

ＩＴ系に弱い人も要注意である。業種にもよるが、エクセルが苦手、パワーポイントの資料が作れない、ＳＮＳでのコミュニケーションが苦手だとかいう人は、独立前に一定の練習をしておくべきである。

収入目標をどの程度にするかは人によるが、私は収入が半減してもしかたがないと思って独立した。地方の中小企業やNPO法人への転職も同じだが、収入だけにこだわるのであれば、独立するという選択はあまりお勧めできない。

「副業両立型」で紹介したパーソルキャリアの「HiPro」のようなタレントシェアリングのプラットフォームも増えていく等、個人企業やフリーランスが収入を得る環境は徐々に整備はされていくだろうが、安定収入を得るのは簡単ではない。

一方、最近は一定の安定収入を担保しながら独立するという方法も出始めている。現在勤めている会社と、業務委託契約をするという方法である。大手企業で最初に始めたのは計測器メーカーのタニタである。2017年に「日本活性化プロジェクト」という呼び名で始まったが、基本は3年の業務委託契約を結び、3年が経過して継続の場合はまたそれを繰り返す。社員ではないので、出社や勤務時間に縛られずに仕事ができる。

２０２０年には電通が「ニューホライズンコレクティブ」という会社を設立し、早期退職者を支援する制度を始めた。勤続20年以上の社員を対象に、退職後に個人事業主、または法人として契約を結ぶという方法で、退社後10年間は会社からの発注業務により一定の収入が保証されつつ、自身で仕事を開拓することも可能。この制度を活用して、私の知り合い３名を含む約２３０人が退職した。このような方式は今後も拡大していくのではないかと思う。

再三書いた通り、65歳定年が義務化されると「働かないおじさん」は許されない社会になる。「妖精さん」も「ウィンドウズ２０００」も10年後には死語になるだろう。これからは「働くおじさん」になることがサバイバルの条件なのだ。しかしそれを悲観的に考えることはない。

本書で紹介した「社内再活躍型」「副業両立型」「シニア転職型」「シニア独立型」のいずれも若者から陰口を言われる、「働かないおじさん」とは全く違う、素敵な人生ではないだろうか。

以上で本編を終わりにするが、最後にリンダ・グラットンが『ライフ・シフト　１００年時代の人生戦略』の中で提示した３つの資産の中で、ここまではほとんど説明していなかった「活力資産」について触れておく。「活力資産」とは肉体的、精神的な健康であり、家族や友人との暖かい関係のことであり、人生にとって最も大切な資産である。仕事は大事だが、仕事で悩んで体を壊してしまっては意味がない。

「楽観主義と健康管理」

元気に楽しく仕事をして、長生きしましょう。それが一番の勝ち組です。

おわりに
～時代や変化に巻き込まれていく、多くのサラリーマンの方々へ

私は２０２１年の12月末に還暦を迎えた。２０１６年７月に54歳でトヨタ自動車を退職して個人事業主になったが、そのまま会社に残っていたら、定年退職を迎えていたことになる。サラリーマンになった同級生の多くは子会社に出向したり、会社に残っていても役職が外れて、以前ほどは忙しくしておらず、心なしか Facebook への投稿頻度が上がっているように思う。

２０２１年11月にフジテレビが「ネクストキャリア支援希望退職制度」を発表して大きな話題となった。勤続10年以上、50歳以上の社員が対象で、全従業員１３００人のうち上記の条件に該当する人数が約５００人で、退職金への加算金額が一人１億円以上とも言われた。２０２１年だけを見ても、フジテレビ以外にＮＨＫ、ＪＴ、パナソニック、ホンダ、

ANA、博報堂といった大企業がシニア社員を対象にした早期退職募集を行っている。いずれの企業も、相応の割増退職金を支払っているはずだ。退職勧奨を受けることをどう感じるかは別だが、今の50代は金銭面では恵まれているとは思う。

一方、若者世代の収入環境は悪化の一途である。「給与が上がっていない」とよく言われるが、年金掛金や社会保険料の値上がりにより、20代の収入は1990年から上がっていないどころか実質15%も減少しているし、20代前半から30代前半にかけての昇給率も大きく下がっている。こんな状態で「働かないおじさん」を放置していたら、他の国なら暴動が起きてもおかしくないと思う。

（20代の実質可処分所得）
1990年：319万円→2020年：272万円（1990年比で▲15%）
（20代前半→30代前半の給与上昇率）

1990年：+51％↓2020年：+29％（1990年比▲22％）

そんな中で、新型コロナの感染が世界中に広がった。2020年1月15日に日本国内で感染が見つかってから既に3年近くが経過した。このコロナの3年間を思い返してみると、日本人の働き方は大きく変わったと感じる。私の場合も打ち合わせのほとんどはリモートになり、個人的に楽しみにしていた地方での講演活動も多くがオンラインになった。しかし、サラリーマンの皆さんにとっての変化は私どころではないだろう。

新型コロナでは多くの企業も痛手を負ったが、これを機会に日本企業の構造改革が進めば多少なりとも良いこともあったと言えるかもしれないし、そうしなければいけないと思う。

私が前著『会社を50代で辞めて勝つ！「終わった人」にならないための45のルール』を書いたのは、今のシニア社員の方々に（安易に働かないおじさんになどならずに）、個人事業主として生きる道もある、ということを伝えたいと考えたからだ。

しかし、本当に変わらなければ困ってしまうのは、今の30代後半から40代の人たちだと思う。65歳定年の時代になる中で、その人たちが「役立つおじさん」になって、若い人たちと一緒に日本企業を変えてくれることを期待している。この本は「逃げ切り世代」の一員としての贖罪の気持ちも込めて書いた。書いた内容がすべての方に当てはまるとは思わないが、断片的にでもヒントにしていただければ心から嬉しいと思う。

なお、本書の出版にあたり、多大なるご協力をいただいた株式会社スピーディ代表取締役の福田 淳さん、編集の井尾淳子さん、市場調査をご担当いただいた株式会社クロス・マーケティングの皆様、前著執筆の際に様々なご教授をいただいた藤井真也さんに、この場を借りてお礼を申し上げたい。

２０２２年12月　髙田　敦史

著者プロフィール

高田敦史　たかだあつし

A.T. Marketing Solution 代表
Visolab 株式会社 Chief Branding Officer
東京理科大学非常勤講師、広島修道大学非常勤講師
一般財団法人ブランド・マネージャー認定協会アドバイザー

1961年生まれ。一橋大学商学部卒業。中央大学大学院経営戦略研究科修了。

1985年にトヨタ自動車に入社後、宣伝部、商品企画部、海外駐在（タイ、シンガポール）等を経て、2008年に宣伝部の分社化プロジェクト「Toyota Marketing Japan」の設立を担当し、Marketing Director に就任。2012年からトヨタ自動車に戻り、Lexus Brand Management 部長としてレクサスのグローバルブランディングを担当。レクサス初のグローバル統一広告の実施、カフェレストラン「Intersect by Lexus」の東京、ニューヨーク、ドバイでの出店等、各種施策を行う。

２０１６年にトヨタ自動車を退社、独立し、ブランディング領域を中心としたコンサルティング業務、ベンチャー企業のアドバイザー、講演活動等を行うとともに、２０１８年には経済産業省が行う「産地ブランディング活動（Local Creators' Market）」のプロディーサーも務める。

【スピーディ・ブックスとは】

スピーディ・ブックスは、売れ筋しか扱わず、事大主義に陥っている既存の出版業界に風穴をあけるため、パンクで知的な出版社を目指します。

スピーディ・ブックスは、著者に過去の実績を求めません。SNSのフォロワー数も有名人の帯も求めません。みんなの側にいる、知的で面白い人の本を出版します。

本は、ネット検索では決して補えない知の宝庫です。

スピーディ・ブックスは、紙の本でもKindleでも、近未来には脳に埋め込んだチップでも、時代の流れに合わせて提供していきます。

いたずらに最大公約数の関心を追わず、最小関心層のテーマを見つけ、こつこつと発行してまいります。

みなさまの関心事、ユニークなお友達がいれば、ぜひスピーディ・ブックスにお知らせください。

代表　福田　淳
info@spdy.jp

Speedy Books

2023年2月3日　第一刷発行

著者　高田敦史

発行者…福永真理
発行所…株式会社 高陵社書店
〒106-0032 東京都港区六本木7丁目7-7-8F
TEL：03-5614-0363　FAX：03-5614-0383

印刷・製本　シナノ書籍印刷株式会社

装丁デザイン　d-fractal（土岐晋士）
本文DTPディレクター　福田涼（株式会社高陵社書店）
企画編集　井尾淳子（株式会社高陵社書店）

ISBNコード　978-4-7711-1068-7